Écrire une fiction

Littérature, cinéma, théâtre, télévision

Groupe Eyrolles
61, bd Saint-Germain
75240 Paris Cedex 05

www.editions-eyrolles.com

Dans la collection **Les Ateliers d'Écriture**, chez le même éditeur :
A. Bellet, *Écrire un roman policier*
C. Berrou, *Écrire une chronique – Presse, radio, télé, web*
C. Berrou, *Écrire un one-man-show et monter sur scène*
L. Bourgeois, *Écrire un livre et se faire publier*
J. Carpentier, *L'Écriture créative*
B. Hache, *Écrire un roman sentimental et se faire publier*
P. Jusseaux, *Écrire un discours*
B. Mayer, *Écrire un roman et se faire publier*
M. Mazars, *Écrire ses mémoires*
E. Plantier, *Animer un atelier d'écriture pour tous*
M. Pochard, *Écrire des contes*
M. Pochard, *Écrire une nouvelle et se faire publier*
M. Ressi, *Écrire pour le théâtre*
M. Rollin, *Écrire son journal*
H. Soula, *Écrire l'histoire de sa famille*
F. Stachak, *Écrire – Un plaisir à la portée de tous*
F. Stachak, *Écrire pour la jeunesse*
F. Stachak, *Faire écrire les enfants*
F. Stachak, *Écrire un texte érotique et se faire publier*

© Groupe Eyrolles, 2015
ISBN : 978-2-212-56085-5

Laurent Hébert

Écrire une fiction

Littérature, cinéma, théâtre, télévision

EYROLLES

Remerciements

À ma compagne qui, malgré son boulot de dingue, prend toujours le temps de m'écouter et de me conseiller dans mon travail (je ne sais pas comment elle fait).

À Jean-Jacques Zeitoun qui m'a beaucoup apporté concernant l'écriture et les techniques de créativité.

À Christelle Hermet qui a été ma première lectrice et dont les conseils et suggestions m'ont été précieux.

À l'équipe des éditions Eyrolles qui a accompagné ce projet.

À tous ceux qui m'ont aidé de prés ou de loin – et parfois même sans le savoir – à rédiger ce livre.

Introduction

Nous avons tous eu, un jour, envie d'écrire. Écrire une histoire avec des personnages et des «aventures». Comme si l'envie de raconter des histoires faisait intimement partie de la vie humaine. Au même titre que l'envie de s'amuser ou de se faire peur. Raconter des histoires relève de ce qu'on appelle la fiction.

Nous allons donc explorer l'art d'écrire une fiction.

Cet ouvrage s'adresse à tous. À ceux qui débutent dans l'écriture et vont écrire leurs premières lignes, comme à ceux qui écrivent déjà pour la littérature, le théâtre, la télévision ou le cinéma. Son but n'est pas d'être un mode d'emploi pour devenir écrivain modèle, scénariste ou dialoguiste, mais d'explorer l'art de créer et de raconter des histoires, de se donner des outils pour aller plus loin, imaginer de nouvelles formes de fiction, de nouveaux territoires. Enrichir son propre art de la fiction, améliorer la créativité comme l'attractivité de ses écrits, repousser ses propres lignes.

Cet ouvrage n'est pas non plus un «essai» sur l'écriture fictionnelle, mais plutôt un traité pragmatique explicitant en même temps les racines et les ressorts de la fiction, mais aussi les différentes étapes de la construction d'une histoire et de ses personnages.

Vous pouvez le lire dans l'ordre du sommaire ou dans celui qui vous plaît. Chaque chapitre est en effet conçu pour être autonome.

De même, chaque paragraphe devrait se suffire à lui-même. Vous pouvez donc lire au gré de votre envie ou de votre curiosité ; aller, venir, où bon vous semble.

Bien sûr, un livre sur la fiction ne peut pas se concevoir sans un certain nombre d'exemples tirés de romans, de pièces de théâtre et de films, et qui viendront éclairer le propos. À dessein, ces exemples ont été tirés d'œuvres très différentes. Cela va de Molière à Quentin Tarantino, en passant par Amélie Nothomb, Marguerite Duras ou Alphonse Allais. Sans oublier des auteurs contemporains que l'on trouve sur tous les présentoirs des supermarchés comme David Safier ou Douglas Kennedy. Les exemples tirés d'œuvres étrangères sont bien sûr cités dans leur version française.

Il contient aussi des exercices qui sont ceux que je pratique également pour m'entraîner ou m'amuser à découvrir d'autres horizons.

Car la fiction est un jeu. Une manière de comprendre un peu mieux notre monde en lui inventant des histoires.

Donc, jouons !

Chapitre 1

Le point de vue fictionnel

La libre fiction

Cet essai est avant tout fait pour ceux qui aiment la fiction comme telle. La fiction pure. La fiction libre.

Car la fiction est parfois enserrée dans le carcan de l'expression, voire de l'expression personnelle. Pour certains écrivains de fiction, cette dernière semble servir de « démonstration ludique » au discours qu'ils souhaitent émettre sur tel ou tel sujet. Dans ce cas, la fiction est assujettie à leur volonté discursive. L'histoire est travaillée, tordue, mutilée pour pouvoir entrer dans cette volonté démonstrative. Les personnages ne sont plus des êtres, certes imaginaires et libres, mais seulement les porte-parole de discours conçus et voulus au bénéfice de « la cause ».

Si ce livre sert à quelque chose, c'est à vous faire abandonner l'idée d'une fiction enchaînée à l'expression. C'est de vous faire aimer la fiction pour ce qu'elle est : la création d'un monde au départ fictif et qui, peu à peu, crée sa propre réalité virtuelle. L'enseignement de la fiction ne relève pas de ce qui est dit, exprimé, mais de ce que vivent les personnages. Il relève de l'apprentissage et du plaisir ancestral de pouvoir vivre, à travers des personnages imaginaires, des histoires que, sans cette approche fictionnelle, vous n'auriez jamais pu vivre.

La fiction permet de vivre d'autres vies

Dans la fiction, l'auteur n'explique pas seulement ce que représente par exemple un amour déçu, il permet au lecteur de vivre ce chagrin d'amour par l'intermédiaire du héros ou de l'héroïne de l'histoire. Vous allez espérer, pleurer et haïr avec elle ou lui. Vous allez vivre, oui, réellement vivre, les émotions des personnages. Vous allez devenir meurtrier, policier, salaud, héros, capitaine d'armée, jardinier amoureux, adolescente perdue, gamin des rues, vieillard sur son lit de mort, espion à la solde du roi, fou de Dieu, tortionnaire, torturé, avocat d'affaires, traître ou trahi, que sais-je encore ? Tous ces personnages, ces vies, ces histoires, ces drames et ces rires, vous allez les vivre, et souvent de l'intérieur, « comme si vous y étiez ». Grâce à la fiction vous allez « habiter » des milliers de vies et apprendre de chacune d'elles. Voilà la vraie raison de la fiction, vivre plus que ce que la vie peut nous offrir. Et apprendre et comprendre plus de vies que la seule vôtre.

La fiction n'est pas faite pour s'exprimer, mais pour créer des vies imaginaires. Elle n'est donc pas le support idéal pour construire un discours réfléchi et travaillé dans un but démonstratif. Non, car vos personnages, les événements, les décors, les descriptions ont leurs propres cohérences et références. Quant à votre histoire, elle possède elle aussi sa propre logique de déroulement (nous reviendrons bien sûr sur ces points importants). Ce n'est pas qu'avec la fiction, vous ne pouvez pas du tout vous exprimer, mais cela ne pourra se faire directement. Disons que vous vous y exprimerez plutôt « par surcroît », comme dirait un psychanalyste. Ce qui ressort de vous dans la fiction, c'est plus votre état d'esprit, votre façon de voir les choses, d'appréhender les différents types de caractères, d'apprécier les situations. Cet angle de vue, cette manière de voir les choses qui vous appartiennent, se manifeste de différentes manières dans vos écrits. Certains parlent même de la « respiration » d'une écriture, pressentant que chaque rythme d'écriture, particulier à chaque écrivain, témoigne de sa respiration, de son propre débit de paroles et de pensées.

Le créateur de fiction face à ses créatures

Soyons clair, vous ne pourrez jamais être maître de votre fiction comme tout créateur n'est jamais maître de sa créature. Sachez-le. Lorsque vous êtes emporté dans une histoire que vous avez créée, souvent, vos personnages – ces petits êtres à qui vous avez pourtant donné naissance – vont eux-mêmes vous dicter l'orientation des choses, imposer des situations que vous n'aviez pas prévues ou empêcher un rebondissement auquel vous teniez. Vos personnages, s'ils sont réussis, sont vivants. Peu à peu, ils s'habillent d'une identité qui leur est propre et vous imposent leur libre arbitre. Vos personnages sont comme vous, libres et imprévisibles.

Raconter des histoires ou écrire une fiction ?

Tous, nous avons déjà inventé et raconté des histoires. À nos amis, à nos parents ou à nos enfants pour les endormir. Mais comment passer de l'invention, de l'oralité, à l'écriture ?

Avant de se demander si l'on « sait » écrire ou comment on va écrire, la première question à se poser est : « Qu'est-ce qu'écrire ? » Beaucoup d'ouvrages, de recueils de réflexions sur le sujet, de techniques d'apprentissage ou de perfectionnement à propos de l'acte d'écrire proposent souvent d'acquérir de nouvelles connaissances sur le sujet. Pour notre part, nous allons commencer par l'inverse, par « désapprendre » beaucoup de chose à propos de l'écriture. Si l'on peut décemment se poser la question « qu'est-ce qu'écrire ? », c'est que la chose est assez « floue » pour que sa définition ne soit pas évidente.

Écrire n'est pas écrire

À la question « Qu'est-ce que cuisiner ? », tout le monde sait répondre immédiatement : préparer des plats à manger avec une série d'ingrédients de base. La première question qui semble intéressante à propos de la cuisine n'est donc pas sa nature, mais comment cuisiner tel ou tel plat. On est donc immédiatement dans le « faire » ou plutôt, dans le « comment faire ? ».

Mais l'écriture ? Si sa définition est difficile à établir simplement, il ne va pas être aisé d'accéder à la question suivante : « Comment écrire ? » Il faut donc se faire une raison. Si l'on ne trouve pas de définition immédiate, simple et satisfaisante à cette interrogation « Qu'est-ce que l'écriture ? », c'est que l'écriture n'existe pas en soi ; elle n'est pas une forme d'expression autonome. Je vois déjà les petits sourires en coin des lecteurs qui se demandent à quel jeu joue donc ce type qui commence un livre sur l'écriture en déclarant que cette dernière n'existe pas. Et en plus il nous l'écrit ! « Mais si l'écriture n'existe pas, voudraient-ils me dire, qu'est-ce que tu es en train de faire, là tout de suite, en pianotant sur le clavier de ton ordinateur ? »

Eh bien non, je n'écris pas vraiment ou, du moins, pas seulement. Je vous raconterais bien ce que j'ai à vous dire de vive voix, mais vous n'êtes pas là ! J'ai donc utilisé ce subterfuge qui consiste à aligner des signes qui, par convention entre nous, vont définir des sons, des mots et un discours : le discours que j'aurais pu vous tenir si vous étiez en face de moi avec assez de temps pour vous asseoir et m'écouter.

Mais lire n'est pas lire non plus !

Si je n'écris pas, vous ne lisez pas non plus ! Car qu'est-ce que lire ? Là encore, lire n'est pas un acte autonome qui aurait sa propre nature. Vous avez appris à lire, c'est-à-dire à déchiffrer les signes qui vont construire des mots et des phrases en fonction d'une convention préé-tablie entre nous. Ce sont ces mêmes mots et ces mêmes phrases que je me suis « dits » dans ma tête avant de les retranscrire en signes pour vous. Puis, vous allez à votre tour vous « redire » mon discours dans la tête. Vous allez vous raconter mon histoire avec mes mots, mais avec votre petite voix intérieure… Il n'y a donc ni écriture ni lecture, mais de l'oral couché sur le papier et qui attend une voix pour renaître.

Cette précision est très importante pour continuer ensemble à com-prendre et à disséquer les mécanismes de l'écrit, car il est primordial de se rappeler que l'écrit est avant tout de l'oral inscrit sur une feuille de papier ou maintenant sur un écran d'ordinateur. Écrire est donc avant tout un acte de « conteur », un talent d'orateur !

« L'écriture a ceci de mystérieux qu'elle parle. »
Paul Claudel

Faites une petite expérience. Prenez un livre, un roman que vous aimez bien par exemple. Levez-vous et ouvrez-le à un chapitre particulièrement prenant. Et lisez à haute voix, en marchant et en faisant les gestes qui vous viennent le plus naturellement. Vous allez découvrir toute l'oralité de l'écrit. Soudain, il y a une voix, un ton, une respiration, un rythme, une gestuelle liés à cet écrit.

La fiction, un genre à part ?

La fiction, c'est raconter une histoire inventée par son auteur. Que ce soit pour une nouvelle, un roman, un film, une pièce de théâtre ou pour le simple plaisir du *storytelling*.

Beaucoup d'ouvrages proposent d'apprendre à écrire un scénario de film, une pièce de théâtre ou un roman d'aventures, suggérant que chacune de ces écritures requiert des règles et un savoir-faire très spécifiques. Bien sûr, pour chacune de ces écritures, il y a des règles particulières à suivre, mais le fond de la chose est qu'avant tout, il faut imaginer, créer et transmettre une histoire passionnante avec des personnages présents et attachants. De plus, les règles spécifiques à suivre pour tel ou tel type d'écriture tombent souvent sous le sens, le bon sens : on se doute que, pour un film, il faut éviter de s'épancher sur les pensées intérieures des personnages – impossibles à filmer et que l'on ne peut traiter qu'en voix off ou de manière suggestive – de même que pour une pièce de théâtre les paysages extérieurs, les longues descriptions restent difficiles à retranscrire sur une scène. Enfin, une pièce de théâtre s'exprime surtout et avant tout par ses dialogues, un film de cinéma par l'action des personnages et l'art du « montage » (nous y reviendrons car ce « montage » concerne aussi le scénariste) ; quant au roman, lui, il reste libre d'être très ou pas dialogué, réflexif ou dans l'action ; le roman a toujours fait ce qu'il veut !

C'est d'ailleurs à cause de cette liberté du roman que nous ne nous pencherons pas plus avant sur ce type d'écriture. Le roman est libre, trop libre, pour le réduire à la fiction. Il se construit dans un rapport tellement intime entre le narrateur et le lecteur que le premier peut à tout moment interrompre le fil d'une histoire pour s'adonner à la digression de son choix. L'écrivain de roman peut par exemple arrêter une histoire et dire (donc écrire) : « Cher lecteur, cette histoire me fait justement penser à une autre que je vais m'empresser de vous raconter » ou : « Cher lecteur, ce dialogue qu'échangent les personnages de mon histoire m'a moi-même amené à me poser des questions sur ce thème. J'y ai beaucoup réfléchi et je ne peux m'empêcher de vous confier, à ce stade, mes premières réflexions sur le sujet… » On le voit, le roman peut tout, ose tout. De plus, le temps de la lecture du roman est aussi libre pour le lecteur qui peut lire une page par jour ou tout le livre d'un trait, sauter un chapitre et revenir en arrière, etc. Il n'en est pas de même pour le cinéma et le théâtre pour lesquels le temps du spectacle est prédéterminé, fixe et d'une traite. Disons donc à ce stade que nous ne traiterons, dans cet opus, que de l'aspect fictionnel du roman. Car, à presque tous égards, ce dernier répond aux mêmes lois et exigences que la fiction pour le cinéma, la télévision ou le théâtre.

Écrire une fiction est le centre de notre préoccupation. Nous allons donc nous concentrer sur la création d'une histoire avec ses personnages et ses rebondissements. Mais aussi sur l'art d'écrire, donc de conter, de raconter.

L'écriture n'est pas un don, mais se travaille, comme tout autre art (l'art étant d'abord la pratique et la maîtrise d'une technique). Si l'on admet, par exemple, que construire une maison demande du temps et du travail, que doit-on penser de la création d'un monde imaginaire avec ses lieux, ses règles, ses personnages, son histoire ? Écrire une fiction demande de construire un « discours » avec ses lignes de force, son architecture, ses éléments « porteurs »… Il y a long avant d'arriver aux dernières touches de « décoration » comme parfaire le « son » d'un dialogue, décider de la couleur des rideaux ou choisir la robe du personnage féminin (ou le costume d'un personnage masculin, selon l'histoire !)… Et comme pour la construction d'une maison, il nous faut des outils. Aucune maison ne se construit sans règle, équerre et fil à plomb. Aucune fiction ne se construit sans outils de conception et de créativité.

Inventer des histoires, c'est s'oublier soi-même

Raconter des histoires, c'est raconter la vie des autres. Celle des personnages de fiction. Il faut donc construire des personnages selon leur identité propre, selon leur histoire qui n'est pas la vôtre. Pour cela, il faut bien sûr s'inspirer de la vie des autres, de leur psychologie. L'écrivain de fiction est, dans la vie, un observateur avisé du monde qui l'entoure et des personnages qui le peuplent. On ne peut pas se raconter soi-même dans une fiction, et tous nos personnages ne peuvent être construits sur notre seul modèle ! D'ailleurs, à propos de ce qu'on pourrait projeter de sa propre vie dans ses écrits, ou faire vivre à ses personnages ce que l'on voudrait vivre soi-même ; il y a une phrase excellente de Claude-Edmonde Magny, critique littéraire de la première moitié du XXe siècle (disparue en 1966 pour être précis) parlant des écrivains :

> *« Pas plus qu'ils ne peuvent être bons, les gens trop encombrés d'eux-mêmes ne peuvent être clairvoyants. »*

La messe est dite. Si vous êtes « sur vous » comme on dit couramment, vous ne pouvez pas faire de la bonne fiction. Faites autre chose. De la politique ou inventez une nouvelle religion, ou écrivez des pamphlets, ou devenez critique (assez bizarrement, certains critiques – qui devraient donc s'intéresser aux autres – sont parfois plutôt égocentriques). Ou alors changez. Commencez par ne plus penser à vous. Et regardez les autres. Écoutez-les. Questionnez-les. Ce sont eux, peut-être, vos prochains personnages de fiction. Ce sont leurs histoires – si vous leur laissez le temps de vous les raconter – qui seront peut-être au départ de l'un de vos projets. Pour créer des fictions imaginaires, il faut déjà s'intéresser aux fictions réelles, celles de vos proches, de vos connaissances ou des personnes rencontrées par hasard.

Comment s'oublier ?

Si les paroles des autres glissent sur vous en ne laissant aucune trace dans votre esprit, comment, dans ces conditions, pourriez-vous créer des personnages différents de vous ou de votre propre vécu ?

Ah, me voilà en train de faire de la psychologie! Ce n'est pas le lieu, me direz-vous! Si un peu. Pas trop pour ne pas s'enfermer dans une perpétuelle exploration de l'esprit humain, mais un peu quand même, car la psychologie est aussi la matière première de l'esprit de vos personnages, le marqueur de leurs comportements et parfois de leurs actions. C'est pourquoi, si vous êtes trop impliqué dans votre propre psychologie, vous ne trouverez pas de place dans votre cerveau pour l'observation de celle des autres, condition nécessaire pour ensuite créer des psychologies de fiction. Si vous êtes dans ce cas, il faut apprendre à «vous lâcher». À prendre de la distance avec vous-même pour laisser les autres vous imprégner.

Faites une expérience, passez une journée entière sans parler de vous, ni de ce que vous avez fait, ni de ce que vous pensez, ni des histoires ou anecdotes que vous avez vécues. Rien sur vous, rien à propos de vous. Habituez-vous à questionner seulement vos auditeurs sur ce qu'ils veulent vous dire. «Ah, bon. Et alors, qu'est-ce qu'il s'est passé ensuite? Et qu'est-ce que tu en as pensé? Raconte!» Ne cherchez pas, si l'on vous raconte quelque chose, à trouver dans votre propre histoire un événement similaire pour le raconter à votre tour et faire semblant d'avoir quelque chose en commun avec votre interlocuteur. Car, en fait, cette mauvaise habitude ne vient pas d'une vraie recherche d'éléments vécus communs – ce qui pourrait se concevoir comme plutôt généreux – mais relève plus souvent d'une volonté de ramener l'autre à soi, de refuser que l'expérience de l'autre soit pour vous inédite et inconnue. Ramener à soi, c'est être trop encombré de soi. Tellement plein de soi qu'il n'y a plus de place pour les histoires des autres.

Chapitre 2

Ce qu'il faut savoir de la fiction avant de commencer

L'histoire

Comme dirait La Palice, le principal dans une histoire, c'est l'histoire. Il faut donc en trouver une. Mais si vous vous posez la question : « Quelle histoire pourrais-je bien raconter ? », n'écrivez pas. Car aucune histoire issue de cette question ne vous tiendra vraiment à cœur. Eh oui, pour bien raconter une histoire, il faut avoir envie de la raconter. On n'écrit pas pour écrire, mais parce que l'on brûle d'envie de raconter quelque chose aux autres. Il y a néanmoins des moyens de se donner des pistes qui, peu à peu, vont construire un véritable projet de fiction. Ce sont des démarches de créativité dont on reparlera plus tard (voir chapitre 11).

Comment écrire

Comme j'aime bien La Palice, je continuerai sur cette voie : pour commencer à écrire, il faut… écrire. Écrire ce qui vous passe par la tête. Vous n'avez pas d'inspiration ? Racontez-le à votre feuille de papier. Décrivez votre manque d'inspiration, votre peur de la page blanche ou celle de ne pas bien faire.

Henry Miller expliquait cela à une dame qui, dans un cocktail, lui avouait vouloir écrire sans y arriver. Il lui répondit de prendre une feuille de papier et de commencer à écrire pourquoi elle n'arrivait pas à écrire et, ainsi, elle trouverait son chemin littéraire. Ce n'est pas qu'une plaisanterie ! Il y a quelque chose de tout à fait pertinent dans cette réflexion. L'histoire se crée en commençant à prendre la plume : n'attendez pas une idée pour écrire. Les idées viendront au fil de l'écriture. Il sera temps par la suite de structurer les choses.

Par exemple : «Je suis assis à une table en fer, dehors, en tapotant sur mon ordinateur. Face à moi, la nature d'un jardin à moitié sauvage et à moitié civilisé ou "jardiné". Au fond, si j'étais un jardinier, que ferais-je de cette petite parcelle de nature ? Quel jardinier serais-je ? Un obsédé de la géométrie, ou plutôt un poète, complice avec la nature ?... »

Au début je me décris en train d'écrire (c'est vrai, j'écris sur une table en fer face à mon jardin à la campagne) et puis je dévie sur ce personnage imaginaire de jardinier qui peut s'étoffer jusqu'à ce que j'attrape un détail, une réflexion qui va piquer ma créativité, mon envie de raconter… Et ce sera parti pour la fiction !

> Vous lisez ce livre. Commencez à écrire où vous êtes. Votre position. L'ambiance autour de vous. Et commencez à digresser : «Les gens à côté de moi n'arrêtent pas de parler de choses personnelles. Si j'ai bien compris le petit monsieur ridicule vient de se faire larguer, etc.»

Partir à la recherche de son histoire

L'idée est de partir à la recherche d'une histoire comme on part explorer la jungle. En allant au début au hasard, en tentant de multiples pistes. En se laissant porter par son imagination. Et surtout, en commençant à écrire. Comme ça, au fil de la plume ou du clavier. Des morceaux d'histoires, des bouts de personnages. Si possible sur des feuilles éparses pour pouvoir les étaler devant soi, les arranger dans tel ordre ou dans tel autre…

On peut aussi explorer des thèmes que l'on a envie de traiter ou qui nous viennent à l'esprit. L'aviation à ses débuts, ou l'amour jusqu'au meurtre, ou la joie de vivre à l'état pur, ou la vie actuelle d'un éleveur de porcs… Ensuite on va placer ses premiers jalons, les scènes auxquelles on pense tout de suite. Puis on va enrichir cette histoire avec… d'autres idées d'histoires que l'on a eues et que l'on va entremêler. Par exemple, la vie d'un éleveur de porcs qui va vivre l'amour jusqu'au meurtre avec une femme passionnée d'aviation. En ayant juste combiné mes premières idées d'histoires ensemble, je crée déjà une histoire particulière et qui sort des clichés et autres thèmes mille fois rebattus. Je ne dis pas que cette histoire venue du hasard est en soi bonne à raconter, mais cela donne des pistes intéressantes et enrichit mon « sac à idées ». Libre à moi de laisser vieillir cette piste pour voir si elle se bonifie avec le temps, de la laisser tomber, de la suivre ou de la modifier… De toute façon, il faut qu'à un moment j'aie réellement envie de raconter cette histoire pour poursuivre cette voie.

On trouve toujours des thèmes ou des personnages originaux en mélangeant plusieurs idées ou concepts basiques. Prenons un nouvel exemple : un vieux monsieur ; un amateur de bandes dessinées ; faire du vélo. À partir de ces trois « idées » simples et presque banales, on peut imaginer le personnage d'un vieux monsieur, grand collectionneur de BD anciennes et qui parcourt à vélo les différents lieux d'actions de ses héros dessinés préférés : on obtient un personnage original auquel on n'aurait sans doute jamais pensé sans ce petit et rapide exercice de créativité.

Les personnages aussi créent l'histoire

L'histoire est aussi avant tout portée par des personnages, car ce sont eux qui vont la vivre. Donc, le processus de création d'une histoire marche en parallèle avec celui de la création de personnages. C'est souvent d'ailleurs un processus dual. On crée un bout d'histoire qui va faire naître des personnages, que l'on va mieux cerner ; cette démarche enrichissant l'histoire ou créant de nouveaux événements qui vont pouvoir être traités… L'histoire et les personnages sont indissociables et, lorsque l'on parle d'une bonne histoire, on doit aussi comprendre, de bons personnages. La bonne histoire est donc celle que vous avez envie de raconter, avec le plus de créativité possible, et portée par de « bons » personnages.

Les personnages

Les personnages principaux doivent évoluer, sinon, il n'y a pas d'histoire ! Pourquoi ? Mais parce que c'est aussi comme cela dans la vie ! Certains événements nous changent ou nous révèlent. Certains déclics se font et nous sortent de notre routine, nous sortent de nous-mêmes. Et soudain, on va vouloir modifier notre façon de vivre et de voir les choses, et c'est cela qui est intéressant. Nous voulons tous changer. Nous voulons tous devenir nous-mêmes. On pourrait dire les choses ainsi : les histoires ne valent que par les personnages qui la vivent et les personnages, que par les histoires qui les font évoluer.

Un bon personnage peut aussi être le départ d'une bonne histoire. Il peut « faire l'histoire » comme on dit. Notre vieux monsieur à vélo qui revient sur les lieux de ses bandes dessinées préférées pourrait être un bon exemple. Au cours de ses pérégrinations, il pourrait rencontrer en chair et en os un héros de bande dessinée ou le véritable individu qui a inspiré la BD… Le processus de créativité est simple et très pragmatique : vous posez quelques premières idées élémentaires qui vous viennent à l'esprit au hasard. Vous les mélangez pour créer des éléments plus complexes. Vous construisez des bouts de fictions avec ces éléments et ainsi de suite, jusqu'à ce que votre imagination se prenne au jeu et s'empare de tel ou tel autre « morceau » de fiction pour ouvrir un véritable univers fictionnel.

Méfiez-vous des clichés

Il est bon de s'obliger, à chaque description de personnage ou à chaque scène, à éviter les « clichés » ou le « déjà-vu ». Le bon paysan bedonnant qui parle en roulant les *r* et qui défend les valeurs ancestrales : déjà mille fois vu, inintéressant. Mon voisin paysan (je veux dire, mon vrai voisin, dans la vraie vie) est un magnifique jeune homme, très beau, aux yeux bleus et à la silhouette élancée. Il est passionné de porcs, utilise la génétique moderne et

…/…

travaille avec une dizaine d'ordinateurs dans sa cuisine en liaison avec les marchés internationaux.

Ici, la réalité dépasse les clichés de la fiction paresseuse.

Même chose pour les situations : le jeune cadre dynamique en costume de marque qui a toujours une voiture haut de gamme ou de sport, qui vit toujours dans un magnifique appartement et mange toujours au restaurant : c'est pénible de cliché et de manque de saveur. Je ne sais pas moi, il peut être collectionneur de 2CV, se déplacer toujours avec un modèle différent et habiter chez sa mère dans un vieux pavillon de banlieue ?

Encore une fois, inspirez-vous de personnages remarquables, rencontrés dans la vie réelle. Ils sont souvent plus riches et originaux que les clichés qui nous viennent à l'esprit.

Le narrateur

Tenir une histoire, une bonne histoire, c'est bien. Mais encore faut-il déterminer quel sera votre univers narratif. Qui raconte cette histoire et pour quel auditoire ? Car vous allez établir tout de suite une relation directe, de confiance, presque intime avec celui qui vous lit et, donc, vous écoute. Votre façon de « dire », vos remarques, vos « plaisanteries » vos colères ou vos envolées lyriques de narrateur s'adressent directement au lecteur. Vous devez, d'entrée de jeu, établir un lien de complicité avec lui. C'est cela qui construit votre relation. Il n'y a pas d'écriture neutre. Et il n'y a pas d'histoire sans auditoire. Soyons plus clair : votre histoire, votre fiction n'existe que lorsqu'elle est lue. Pour que le lecteur puisse entretenir une relation avec l'écrivain, il faut qu'il puisse imaginer quelqu'un derrière le texte qu'il lit. C'est la raison pour laquelle l'écrivain que vous êtes doit se construire un personnage de narrateur.

Eh oui, vous, le créateur de l'histoire et de ses protagonistes, vous aussi, vous êtes un personnage. Si, si ! Vous êtes le personnage du narrateur. Le narrateur aussi a sa propre identité et son libre arbitre. Et ce narrateur, ne vous y trompez pas, est un autre personnage que ce que vous êtes, vous, dans la vraie vie ! Cela aussi est excitant. Vous aussi, en écrivant, vous endossez une identité de fiction, quelqu'un que vous voulez être et que vous ne serez peut-être jamais dans la vraie vie. Par exemple. Un « pisse-froid cérébral », un pilier de bistro toujours à moitié saoul, un petit salaud mielleux, une « pétasse » positiviste, un chien léthargique (oui, dans la fiction, un animal aussi peut raconter des histoires), un spécialiste pontifiant et doctoral obnubilé par le souci du détail… Le narrateur est le premier personnage d'une fiction !

Dans *Maudit Karma* de David Safier, c'est le personnage principal qui raconte son histoire. Mais comme ce personnage se réincarne plusieurs fois en différents animaux, l'histoire est tour à tour racontée par une fourmi, un cochon d'Inde, une vache… Dans l'extrait qui suit c'est un chien beagle qui raconte :

> « À présent, grâce à mon odorat hypersensible de beagle, je constatais aussi qu'il sentait extraordinairement bon. Et je ne parle pas ici de son eau de toilette, non : c'était son odeur naturelle qui était renversante. Il y a des hommes qui sentent bon. D'autres qui ont une odeur fantastique. Et puis, il y avait Alex. Avec mon nez de chien, son odeur me plaisait plus que jamais. Elle m'envoûtait au point que j'oubliai tout : les décharges électriques, le fait que Nina habitait chez lui… J'étais littéralement grisée. Par chance, j'étais encore trop jeune pour être en chaleur. »

Mais le choix du personnage du narrateur influe aussi directement sur le style de discours qui va être celui de votre fiction. Si vous voulez raconter votre histoire à la manière d'un vieux sorcier africain ou, au contraire, à celle d'un patron du CAC 40, vous n'allez pas employer les mêmes mots pour le dire !

Essayons plusieurs façons de raconter une scène très simple : « Quelqu'un ouvre une porte. »

(Hautain, obsédé du détail) « Il approcha lentement sa main. Une main froide, à la peau légèrement bleutée avec çà et là quelques taches brunes, ternes et assez petites. Hum, des taches de soleil, sans doute. Le propriétaire

20

de cette main est vraisemblablement un de ces imbéciles qui passent leurs étés affalés comme un cadavre sur le sable graisseux d'une morne plage irradiée d'un soleil à la lumière vulgairement crue. Oui, et qui aime ça en plus. Mais l'excès de soleil, ça donne ça, des taches. D'infâmes petites taches brunes qui plus tard pourront évoluer en cancer. Sa main touche maintenant le pommeau en cuivre qui commande le dispositif d'ouverture. Geste lent, un peu incertain, comme si l'hésitation était une marque de fabrique de ce pauvre être perdu dans son petit monde moderne, désespérément moderne… Et la porte ne s'ouvre pas. Oui, car le dispositif d'ouverture est doublé d'un mécanisme de fermeture à clef qui peut être ou non verrouillé. Et il faut un certain temps à notre homme (car c'est une main d'homme, cela se voit au premier coup d'œil) pour s'en apercevoir. Un homme aux pensées lentes, au cerveau doucement baigné de quiétude et qui n'est que peu habitué à devoir répondre à des stimuli imprévus… »

(Pilier de bistro) « Ah, j'sais plus moi, j'sais plus ce qui s'est passé. En tout cas, toujours est-il qu'il a avancé sa paluche, là, comme je te l'dis. Une paluche de gros bonhomme, nom de Dieu, ça, c'est de la paluche. Avec des doigts comme des serres, je te jure, des machins sortis d'un vrai film d'horreur, nom de Dieu. Ouais, et il a ouvert la porte. Comme ça. D'un seul coup. Comme un gnon dans la gueule, tu vois. Aussi vite et aussi fort. Et j'te jure que la porte a pas moufté. Quand elle a vu la paluche de monstre qui s'est précipitée pour lui serrer le pommeau, elle a rien dit, la porte, elle s'est ouverte directe. Si c'était pas que j'en étais à mon quatrième verre (bon, OK, peut-être le cinquième ou le sixième), je dirais qu'elle s'est même ouverte avant que la main ne lui touche la poire ! Ouais. Comme si qu'elle avait peur et qu'elle s'est dit : "J'vais m'ouvrir, comme ça la main va m'laisser tranquille." Enfin toujours est-il que la porte s'est ouverte et ne viens pas me demander des détails comme ça, ça m'énerve ! »

(Psychologique) « Il avança la main vers la porte, puis arrêta son geste. Une porte qui s'ouvre, c'est toujours un monde inconnu dont on lève soudain le voile. Qu'y avait-il derrière cette porte ? Bien sûr, il le savait. Il n'en était pas sûr, mais il n'avait pas vraiment de doute. Par déduction, par bon sens, il pouvait se douter de ce qu'il allait découvrir une fois la porte ouverte. Mais il restait malgré tout une petite part d'incertitude, une fraction d'inconnu qui flottait à la lisière de son esprit. Alors, fallait-il en avoir le cœur net ou rebrousser chemin ? Fallait-il ouvrir à l'inconnu ou le laisser dormir derrière la porte ? Sa main s'était arrêtée dans le vide, ouverte, les doigts écartés. Comme un moment d'arrêt sur image. Elle ne tremblait pas. Elle était seulement en *stand-by*. En attente de sa décision. Et de décision, il n'en prenait pas. Son regard rencontra cette main arrêtée, sa main, et cela lui sembla ridicule. Comme une machine stoppée par manque d'énergie. Alors, il ouvrit la porte, comme ça, simplement parce qu'il ne supportait pas de voir cette main suspendue dans le vide. La main reprit vie et termina son mouvement, enserrant le pommeau de la porte et faisant tourner le mécanisme d'ouverture... »

Imaginez une action très simple... Par exemple: héler un taxi sans qu'aucun s'arrête. Racontez cette action en imaginant que vous êtes différents personnages de narrateur, comme si vous endossiez la personnalité du personnage: un patron pressé qui doit signer un contrat vital pour lui et qui voit tous ses espoirs s'écrouler; une jeune fille qui hésite à se rendre à un rendez-vous galant. Un vieux monsieur ou une vieille dame qui s'ennuie et qui souhaite prendre le taxi juste pour faire une petite promenade... Racontez en quelques lignes et à la première personne. Décrivez l'état d'esprit de votre personnage de narrateur. Ses gestes qui le trahissent. N'hésitez pas à en rajouter sur ses réflexions personnelles: «Je ne peux pas m'empêcher de regarder ma montre. Putain cinq heures! Dans cinq minutes, c'est mort, je perds le contrat. Et tous ces connards de taxis qui ricanent en passant devant moi. De toute façon j'ai toujours haï les taxis, etc.» Bien sûr, le personnage du narrateur ne parle pas toujours à la première personne, mais avec ce simple exercice, vous créez déjà un personnage de fiction et un environnement narratif. Ce petit texte peut même être le départ d'une idée d'histoire...

Qu'est-ce qu'une bonne histoire?

Il y a maintes façons de raconter la même chose, et c'est souvent plus la « façon » qui donne le sel de l'histoire que les événements qui s'y déroulent. On dit souvent que pour qu'un écrit soit passionnant, il faut avant tout une bonne histoire. Sans doute, mais qu'est-ce qu'une bonne histoire? Certains racontent des choses banales, mais d'une façon si extraordinaire que cela devient une bonne histoire. D'autres racontent des choses extraordinaires avec moins de talent de « raconteur », mais cela fait quand même une bonne histoire. En fait, il y a plusieurs « marques », plusieurs lignes de force de l'écrit, et le mieux est de s'entraîner à développer chaque ligne de force pour atteindre le meilleur de soi.

22

Choisir son personnage de narrateur

Il n'est pas forcément toujours besoin de choisir un personnage de narrateur extraordinaire ou au style d'expression très marqué (comme mon soûlographe de tout à l'heure), mais un personnage de raconteur qui vous correspond bien, que vous saurez tenir dans le temps (parce que faire le pilier de bar pendant 200 pages, c'est soûlant pour vous comme souvent pour le lecteur!), qui correspond à l'histoire, à ce que vous voulez écrire, et à ceux pour qui vous l'écrivez. Il est évident que si vous écrivez pour le théâtre ou le cinéma, le narrateur que vous êtes sera souvent en position de retrait, moins «visible». Mais ne vous y trompez pas, même dans ce cas, il doit y avoir une «position» de narration, un «angle de vue». Donc, une personnalité de narrateur. De toute façon, dites-vous que, comme l'écrit n'est que de l'oral écrit, il y a toujours quelqu'un qui parle et vous devez toujours vous poser la question: qui je suis quand je parle? Et ne répondez pas: «Eh bien moi, tout simplement.» Car quand vous parlez, même dans la vraie vie, vous endossez toujours un rôle: grand sage calme et généreux quand vous racontez une histoire à vos enfants, vainqueur et sûr de vous lorsque vous allez exposer un projet à des clients, discret et silencieux comme un serpent lorsque vous subissez – à juste titre – la colère de votre compagne ou de votre compagnon, ou au contraire atterré et en colère de voir votre évidente honnêteté injustement attaquée (mais je vous déconseille cette position car quand elle s'écroule, bonjour les dégâts!), bref, à chaque fois que vous prenez la parole, vous endossez un rôle différent selon les situations et ceux à qui vous parlez. (Eh oui, nous n'inventons rien, la vie réelle est aussi un théâtre!) Donc choisissez bien votre position de narrateur. Elle déterminera à la fois votre façon de vous exprimer et votre façon d'appréhender les personnages et les situations.

Soyez conscient de votre personnage de narrateur et, si ça peut vous aider, décrivez-le par écrit en quelques lignes. Cela vous servira de référence et vous évitera de changer de personnalité en cours d'écriture (ce qui rendrait votre écrit brouillon et difficile à suivre). N'hésitez pas à vous entraîner. Par oral par exemple. Mettez-vous debout seul dans votre salle à manger (seul parce

23

que sinon, vos proches vont vous prendre pour un fou) et racontez quelque chose avec la voix et la gestuelle du narrateur que vous souhaitez être. Vous allez trouver votre style, vos obsessions, vos tics d'expression et votre rythme. Votre liberté. Si votre projet est un roman, rappelez-vous que votre liberté est grande, que vous pouvez digresser tout à loisir. Imaginez donc un personnage de narrateur en ce sens. Si c'est du théâtre, dites vos dialogues, mimez vos personnages comme le fait un conteur, n'hésitez pas, prenez toutes les libertés. Si c'est pour du cinéma ou de l'audiovisuel, décrivez les images, leurs superpositions ou les montages que vous visualisez. Vous allez voir, cette écriture est finalement assez proche du poème car elle travaille sur le transfert de l'émotion en image ou en son.

Dialogues ou actions ?

Les personnages de votre fiction ont leur propre histoire à l'intérieur de l'histoire. Ils agissent et parlent librement, comme vous et moi. L'écriture des dialogues des personnages est un art en soi dans l'art d'écrire. On pardonne facilement une écriture un peu simpliste si les dialogues sont « délicieux ». Mais attention, rappelez-vous que tout ne doit pas passer par les dialogues qui sont bien souvent la manière la plus banale de « raconter » le personnage. Les dialogues qui expliquent au lecteur ce qu'il s'est passé en lieu et place de l'action sont souvent ennuyeux. Ce que vit le personnage doit aussi passer par l'action directe. Et le dialogue peut être en totale opposition avec les actions du personnage ! Évitons le dialogue explicatif. Évitons aussi le « trop de dialogues » qui, dans bien des films, nuit au bout du compte à l'histoire.

Faites cet exercice, il est très intéressant. À chaque fois que vous souhaitez mettre un dialogue dans la bouche de l'un de vos personnages, imaginez une action qui peut remplacer ce dialogue. « Tu veux de la soupe ? » devient l'image de la soupière qui s'approche et de la louche remplie, tendue vers le personnage. Regards échangés. L'histoire parle par l'action. (Rappelons que le cinéma est né muet, ça éclaire le débat !)

Au théâtre, il y a souvent beaucoup de dialogues. Il faut donc construire l'histoire avec cette contrainte. L'image est difficile au théâtre. Pas de description, pas de gros plans, pas de montage, et, de loin, on ne distingue pas toujours très bien les traits des personnages. Donc, le dialogue et la voix. Les déplacements. Les gestes. Le dialogue est un art à part. Il doit « claquer ». Sa sonorité doit être parfaite, en osmose avec ce qu'il exprime. Il faut travailler les dialogues plus que tout. Le son doit porter le dialogue. Il doit être comme une musique. Même si un dialogue s'exprime dans une langue que vous ne connaissez pas, vous devriez comprendre, grâce au seul son, le sens de ce qui est dit.

Peaufinez les dialogues

Dites vos dialogues à haute voix, polissez-les, sculptez-les, c'est eux qui vont donner à chaque personnage son âme propre. Et c'est pareil pour le roman. Même si les dialogues y sont souvent dans un style plus littéraire et moins parlé (mais ce n'est pas une obligation), ils doivent être musicalement parfaits. Ils doivent tomber comme un costume bien coupé, qui épouse le personnage. Même chose, bien sûr, lorsqu'il y a dialogue au cinéma. D'autant qu'au cinéma, le gros plan focalise le spectateur sur le dialogue.

Fictionnaliser le réel

Votre histoire ne se déroule pas dans le monde réel. Mais dans un monde que vous avez imaginé. Qui peut ressembler comme deux gouttes d'eau au monde réel ou, au contraire, être un monde imaginaire. Mais vous n'êtes pas tout à fait le grand architecte de votre univers. Vous ne partez pas de rien. On ne vous demande pas de créer le ciel et la Terre à partir du néant. Vous êtes vous-même plongé dans un réel et votre lecteur aussi. Quelle que soit votre histoire (et même si elle relève de la science-fiction ou du fantastique), vous allez devoir choisir des références au monde réel et proposer à votre lecteur des « conventions acceptables ». Votre univers fictionnel peut être très « imaginaire », mais doit rester cohérent et pertinent.

Cohérence de l'univers fictionnel

La cohérence d'abord. Vous avez inventé un monde. Avec ses personnages et ses règles. Ce monde est différent du monde réel. Par exemple, il n'y a pas de nature dans ce monde. Tout est bétonné. Les hommes et les femmes de ce monde sont tous génétiquement modifiés. Ils ont chacun le physique de leur fonction. Les ouvriers ont des bras énormes et d'une solidité à toute épreuve, tandis que les femelles reproductrices ont des ventres gigantesques pouvant accueillir des portées de plus de cinquante fœtus. Bon d'accord. Vous avez le droit d'inventer ça. Mais ce monde, en existant à vos yeux et aux yeux de vos lecteurs, acquiert aussi ses propres règles, ses modes de fonctionnement, sa nature. Et vous ne pouvez pas – sous prétexte que vous avez inventé ce monde et que, puisqu'il vous appartient, vous faites un peu ce dont vous avez envie – dire n'importe quoi ou changer les règles parce que cela vous arrange ou, à un moment, ne pas tenir compte de votre propre contexte parce que vous en avez décidé autrement. Votre monde inventé s'impose à vous. Nous revenons sans cesse à cet axiome de la création : vos créatures, une fois créées, ne vous appartiennent plus. Elles acquièrent leur propre identité, leur propre fonctionnement et leur propre libre arbitre. Bien sûr, vous pouvez agir sur ce monde. Mais vous ne pouvez pas le réinventer à tout moment. Une fois son existence lancée, il « s'appartient ». Et il appartient aussi aux personnages que vous avez créés.

Cohérence des personnages

Ce qui est valable pour votre histoire l'est aussi pour vos personnages. N'allez pas inventer qu'un personnage décrit comme timide, réservé et incapable d'aligner deux mots en public va tout d'un coup faire un discours castriste face à une foule en liesse, ou qu'il va se mettre à genoux devant la femme qu'il aime et débiter un argumentaire amoureux digne de Marivaux. Juste parce que cela vous arrange. Ou que vous êtes vous-même timide et que vous rêveriez de réaliser ce type d'exploit ! Non.

Vous pouvez faire changer un personnage. Vous devez même le faire évoluer. Mais en respectant la cohérence de sa psychologie, l'esprit que vous-même lui avez donné au départ. Le personnage peut faire un beau discours, mais on doit le voir évoluer, s'entraîner, tester ses premiers essais devant une glace par exemple, se forcer, se désespérer puis s'enhardir à nouveau. Et alors là, oui, le lecteur va le suivre avec vous. Oui, il va désespérer de ses échecs et, plus que lui, il va espérer qu'il y arrive, et… lorsque, empreint d'une énergie nouvelle, il va enfin réussir son premier discours, vaincre sa timidité maladive, le lecteur va crier de joie, pleurer de bonheur de le voir ainsi se surpasser, parce qu'il a cheminé avec lui, presque de l'intérieur, presque comme si c'était lui qui vivait cette mue. Si cela se passe, vous avez réussi, vous êtes un écrivain !

Ne trahissez pas vos lecteurs

N'oubliez pas vos lecteurs ou vos spectateurs. Ils ont jusqu'à présent accepté de vous suivre dans vos inventions sans piper mot, sans même savoir au début où vous les emmeniez. OK, ils commencent à voir le lieu, le monde dans lequel vous voulez les plonger. Vous allez bientôt leur demander de suivre les personnages de ce monde, de vivre leurs vies et leurs sentiments. Vous leur demandez un effort considérable, à ces lecteurs. Ils n'auraient jamais, d'eux-mêmes, inventé un monde pareil. Ils n'auraient pas fait comme ça du tout. Mais ils acceptent.

Ils acceptent de jouer le jeu avec vous, votre jeu ! Ils attendent avec impatience d'être emportés par votre monde et vos histoires pour vivre des vies totalement nouvelles pour eux. Mais une fois qu'ils ont compris le fonctionnement de votre monde imaginaire, une fois qu'ils ont fait connaissance avec les personnages étranges qui le peuplent, ils deviennent les gardiens les plus stricts de ce monde. Ne leur racontez pas de salades ! N'allez pas inventer n'importe quoi en faisant le fanfaron. Ne vous imposez pas comme le créateur qui fait ce qu'il veut de sa création. Ils ne le supporteront pas. Ils se sentiront trahis. Ils ne se sont pas déplacés dans votre imagination pour vous voir faire le petit caïd ! Votre monde a sa cohérence, ses lois, ses possibles et ses impossibles. Respectez-les ! Sinon, vos lecteurs fermeront le livre en se disant qu'ils se sont encore fait avoir par un mauvais auteur. Ou vos spectateurs sortiront de la salle et, s'ils n'osent pas, s'ils se sentent obligés de rester jusqu'au bout, ce sera pour vous démolir à la sortie et crier partout de ne surtout pas aller voir ce film.

La pertinence de votre univers fictionnel

Ça y est. Vous vous êtes bien torturé l'imaginaire pour trouver quelque chose qui vous plaît. Et vous êtes tout « excité » par votre trouvaille. Et c'est normal. Parce que les moments de créativité sont euphorisants. Vous tenez quelque chose, c'est sûr ! Vous avez créé un monde. Vos personnages sont bien en place. Vous avez envie de vous embarquer tout de suite dans votre histoire. Et c'est bien.

Mais avant de vous lancer, vérifiez bien que cette histoire que vous avez enfin dénichée au fin fond de votre imaginaire est pertinente.

Interrogez-vous. Sa raison d'exister est-elle importante pour vous comme pour vos futurs lecteurs ou spectateurs ? Correspond-elle bien à quelque chose qui est vraiment vivant en vous ? Aborde-t-elle des questions que vous voulez poser, des bonheurs que vous avez envie d'explorer, des morceaux de vies que vous voulez questionner ?

Car vous allez passer du temps à écrire cette histoire. Vous allez sans doute passer plusieurs mois avec elle. Cela vaut donc le coup de prendre le temps d'être bien sûr de soi avant de se lancer. Pour être sûr de vous, vous pouvez par exemple écrire quelques paragraphes de ce projet de fiction qui se dérouleraient à différents moments de l'histoire. Une manière pour vous de voir si votre engouement persiste ou même grandi pour votre projet. Ou si, au bout de quelques lignes, des doutes vous assaillent…

Le fou, le sage et comment être les deux

On touche là à une des difficultés d'écrire. Car cela demande deux états d'esprit contradictoires, le premier « foufou », créatif, toujours partant, exubérant. L'autre posé, réfléchi, cherchant à construire un édifice dans la cohérence et la pertinence. Ceux qui ne sont que dans le premier état d'esprit sont ce qu'on appelle souvent des « pisse-copie » ; ils écrivent beaucoup, s'embarquent pour tout et n'importe quoi. Ceux qui ne sont que dans la réflexion et la démarche construite, manquent de créativité, sont des « pisse-froid » et leurs œuvres ont toujours du mal à « décoller ». Ce sont souvent ceux qui disent : « Mais non, on ne peut pas faire ça », « Impossible, ça ne peut pas fonctionner » ou « Non, on ne peut pas dire ça ». Donc, divisez-vous ! Imposez-vous des temps de créativité durant lesquels vous donnerez libre cours à votre imagination. Dites-vous que rien n'est impossible et lâchez-vous !

La femme du héros devient un chien et part en voiture sur Mars, c'est possible !

Tel personnage fait « l'amour » avec les femmes en les allongeant et en léchant le sol tout autour d'elles ? Pas de problème.

Tous les habitants d'une ville se mettent à marcher ensemble sur l'autoroute urbaine qui dessert leur cité. Ils vont ainsi marcher toute leur vie et créer un peuple « en marche » ? Pourquoi pas !

Laissez entrer toutes les idées, vous ferez le tri après. Et qui sait, le « truc » le plus saugrenu que vous avez inventé tout à l'heure servira peut-être de base à la plus construite et la plus pertinente des histoires. Une fois que vous avez bien rempli votre « sac » à créativité, inventé tous les personnages possibles et imaginables et les situations les plus incroyables, vous devez devenir architecte et construire votre histoire en mariant les éléments entre eux, en créant un personnage à partir de plusieurs « prototypes » inventés, etc. Nous reviendrons sur cette démarche d'écriture créative un peu plus loin (voir le chapitre 11, p. 147).

Petit guide pour lire la suite

Les chapitres qui suivent vont vous permettre d'entrer dans le vif du sujet. Ils vous donneront aussi des méthodes claires et pragmatiques pour avancer dans votre fiction.

Comme je l'ai précisé dans l'introduction, chaque chapitre est conçu comme une unité qui se suffit à elle-même.

Les différents chapitres et paragraphes sont présentés dans un ordre qui me paraît intéressant, mais vous pouvez aussi changer cet ordre et aller là où votre intérêt vous porte. Là où vous vous posez le plus de questions.

Chapitre 3

Les personnages de l'histoire

C'est à dessein que nous avons choisi d'aborder en premier la création des personnages, avant même celle de l'histoire. C'est que ce sont avant tout les personnages qui portent l'histoire, et non l'inverse.

La place des personnages dans la fiction

Lorsqu'on imagine une histoire, on imagine souvent d'abord un contexte général qui va « démarrer » la fiction : « une histoire d'amour et d'infidélité dans les basses couches de la société » ou « le crash d'un avion en plein désert », « l'enfance difficile d'un futur parrain de la mafia », par exemple. Sur cette base, on imagine ensuite un certain nombre d'événements qui viennent enrichir le déroulement de la fiction. Si l'on projette d'écrire une histoire d'amour et de trahison, on imagine par exemple la découverte de l'infidélité de sa femme par le mari, la réaction violente du trompé et l'intervention de la police, la perfidie du voisin…

Du coup, on pourrait penser que les histoires ne se résument qu'à ces suites d'événements subis par des personnages. Le principal serait de définir un déroulement intéressant, de planter les décors, de trouver un « ton ». Une fois ce plan établi, on peuplerait cette histoire de personnages dont le rôle principal serait de « vivre » les situations décrites dans le déroulement.

Qui seraient ces personnages ? Là encore, le premier travers est de penser que ces personnages seraient principalement déterminés par le rôle qu'ils jouent dans l'histoire, tout simplement. Le policier se comporterait comme un policier, ferait ce que décide l'auteur et interviendrait comme on l'attend d'un policier. L'amant ferait l'amant, la femme serait volage, le mari serait cocu et le voisin observerait tout ce qu'il se passe. Et le tour serait joué !

On pourrait au fond presque se désintéresser des personnages de l'histoire, qui ne seraient là que pour porter ou témoigner des événements racontés. Bon, il faudrait peut-être un peu définir qui ils sont. Alors, on dira… que le policier a la quarantaine et qu'il aime le soir jouer au bowling à la taverne du coin, que sa femme ne supporte pas de rester à la maison et se gave de films romantiques à la télé, et que l'amant, la cinquantaine, est plutôt bel homme et n'a pas sa langue dans sa poche ! C'est bon ? Ça vous va ? On peut enfin se concentrer sur le principal, c'est-à-dire le déroulement des événements de l'histoire ? Eh bien non. Car votre récit, votre petite suite d'événements, votre superposition de saynètes ne sont pas intéressants et ne font pas une histoire, une vraie !

Les personnages agissent sur les événements

Considérer qu'une histoire serait une suite d'événements vécus par des personnages, ce serait prendre les choses à l'envers, confondre la cause et ses conséquences. Car, dans une histoire, ce sont les personnages qui sont à la manœuvre. Ce sont eux qui provoquent les choses ou réagissent à des situations créées par d'autres. Ce qui est intéressant, c'est de comprendre pourquoi ils agissent ainsi. C'est ça qui fait le sel d'une histoire. Se couler dans la peau des personnages lorsqu'ils vont agir ou réagir, et vivre leur côté des choses.

Votre histoire va donc dépendre principalement de vos personnages ; de ce que vous avez déterminé qu'ils sont et de ce qu'ils portent en eux. Ce sont leurs actions et leurs réactions qui vont « diriger » la plupart des scènes de votre fiction.

Les personnages « sont » l'histoire

L'histoire, en fait, ce sont les personnages ! Ce sont eux qui font le récit. Ils « sont » l'histoire. Bien sûr, on l'a dit, la narration repose aussi sur de grands « thèmes » : la jalousie, l'amour, la trahison, la violence. Elle repose également sur des événements qui surviennent. Des événements qui peuvent venir de l'extérieur, comme un tsunami, un accident de voiture, ou un héritage imprévu. Ou d'autres, relevant de situations humaines : la disparition d'un proche, l'éloignement d'un enfant, la non-réciprocité d'un sentiment amoureux, la violence physique d'une personne, etc. Mais ce qui fait l'intérêt de l'histoire, c'est la façon dont les personnages vont vivre et réagir face à ces contextes et à ces événements.

Il faudra donc construire l'histoire en fonction d'eux. Et c'est bien parce que ce sont vos personnages qui racontent l'histoire que leur nature, leur passé, leur tempérament, la façon dont ils s'expriment vont prendre toute leur importance. Un primaire colérique ne peut pas réagir comme un secondaire calculateur. Ni un généreux naïf, comme un salaud perfide.

De l'importance des personnages

Il n'y a pas d'histoire sans personnages. Alors qu'à l'inverse, il peut y avoir des personnages sans histoire ! Et ce qui intéresse le lecteur ou le spectateur, ce n'est pas la description de faits, d'actions ou de situations. Non. Jean Renoir se plaisait à répéter cette citation de Pascal : ce qui intéresse le plus l'Homme, c'est… l'Homme.

Les personnages sont-ils coauteurs de l'histoire ?

C'est avec vos personnages que votre fiction va prendre son propre cours. Et vos personnages sont vivants ; ils ont leur propre réflexion sur les choses et leurs propres comportements ! Comportements qui pourront vous étonner, vous dérouter ou vous obliger à « tirer des bords » pour retrouver votre route. Ou bien, séduit par une « ouverture » que vous offre un personnage, vous pourrez finalement décider de modifier votre route et aussi… le cours de votre histoire.

Dans une «Note de l'auteur» accompagnant son livre *Miracle Cure* (trad. fr. *Remède mortel*) traitant de l'apparition du sida, Harlan Coben fait une déclaration surprenante mais très éclairante quant au libre arbitre des personnages de fiction et plus généralement concernant les rapports de l'auteur avec son histoire : «Je ne suis ni un moraliste, ni un prêcheur, ni un croisé. Je ne suis qu'un romancier. Je laisse mes personnages s'exprimer.»

Le Très-Haut lui-même, après avoir créé le monde, qu'a-t-il fait ? Il a dû, bien sûr, créer ses premiers personnages, Adam et Ève, et leur a expliqué comment ils devaient se comporter et vivre, ce qui était permis ou interdit. Et qu'est-il arrivé ? Patatras ! Sans prévenir, à l'insu du narrateur divin qui avait planifié son récit, le serpent souffle à Ève des idées non prévues dans le script et Ève mange le fruit défendu. Dieu s'en rend compte trop tard et doit se rendre à l'évidence : ses propres personnages ont pris leur liberté et se sont éloignés de ce qui était prévu dans le scénario ! Il lui a fallu revoir son histoire et redonner à ses personnages une partie de leur libre arbitre.

Comment imaginer ses personnages ?

J'espère avoir réussi à vous convaincre qu'avant de vous embarquer dans l'écriture d'une fiction, il faut d'abord vous concentrer concrètement sur « les personnages ». Mais d'abord, dans quel sens doit-on prendre les choses ? Faut-il créer des personnages puis leur inventer une histoire, ou à l'inverse, faire coller des personnages à une histoire préétablie ?

En fait tout est possible, et le mieux est sans doute d'être dans un rapport dialectique entre l'histoire et ses personnages. On peut tout à fait créer des personnages et aller assez loin dans la description de ce qu'ils sont et de leurs vécus pour que commence à se dégager une histoire possible issue de la richesse de ces personnages. De même, on peut avancer les prémices d'une histoire, puis imaginer des personnages qui pourraient la porter et qui, à leur tour, vont créer leurs propres propositions narratives. Histoires et personnages sont indissociables tant il est vrai que ce sont toujours des personnages qui vivent une histoire. La richesse et la profondeur de votre histoire vont d'abord tenir à la richesse et à l'intérêt de vos personnages.

Relisons ce passage du roman *Pas de Noël cette année* (titre original : *Skipping Christmas*), comédie grinçante du célèbre John Grisham parue chez Robert Laffont. Toute l'histoire tient dans le personnage du vieux Luther, homme râleur et calculateur qui semble détester la terre entière. L'extrait commence par un dialogue entre Luther et sa femme Nora. C'est lui qui prend la parole le premier :

« – Je vais t'exposer mon idée, lança-t-il fièrement. Elle est géniale.

– Tu m'inquiètes.

– Ce tableau, ma chérie, commença-t-il en dépliant une feuille, montre ce que nous avons fait l'an dernier pour Noël. Nous avons dépensé six mille dollars. Six mille dollars !

– J'avais entendu la première fois.

– Et il n'en reste pas grand-chose. La majeure partie de cet argent a été jetée par les fenêtres. Gaspillée. Sans parler, bien entendu, de mon temps et du tien, des embouteillages, du stress et de nos prises de bec, de nos bouderies et du sommeil perdu : toutes ces choses merveilleuses qui accompagnent les fêtes de Noël.

– Où cela te mène-t-il ?

– C'est une bonne question.

Luther posa son tableau et, avec la dextérité d'un magicien, présenta le *Princesse des îles* à son épouse. Des brochures recouvrirent la table.

– Où cela nous mène-t-il, ma chérie ? Aux Antilles. Dix jours dans un luxe inouï sur le *Princesse des îles*, le plus fabuleux des paquebots de croisière. Les Bahamas, la Jamaïque, Grand Caïman…

[…]

C'est simple : on ne fête pas Noël. On met de l'argent de côté, on le garde pour nous. Pour une fois. On ne dépense pas un sou pour de la nourriture qu'on ne mangera pas, des vêtements qu'on ne portera pas, des cadeaux dont personne n'a besoin. Pas un fifrelin. C'est un boycottage total, Nora. Nous boycottons Noël. »

Voilà. C'est la décision du mari de Nora qui lance toute l'histoire de ce roman. L'histoire de cet essai de boycottage de Noël et les réactions de tous leurs voisins qui vont transformer ce projet en enfer. Un enfer qui a bien failli virer à la tragédie policière. À chaque fois, ce sont les réactions des personnages du roman – des personnages tous très haut en couleur, bien campés et qui n'hésitent pas à mener des actions radicales – qui dirigent l'histoire.

Pour qu'ils soient « riches », vos personnages doivent être particuliers, originaux, sortir de l'ordinaire, de ce qu'on « s'attend qu'ils soient ».

Tous les êtres ou les objets peuvent devenir des personnages. Apprécions par exemple l'originalité du personnage créé par Amélie Nothomb dans *Métaphysique des tubes* (Albin Michel, 2000):

> « Un jour, ma mère arriva dans le salon avec un animal à long cou dont la queue mince et longue terminait dans une prise de courant. Elle poussa un bouton et la bête amorça une plainte régulière et ininterrompue. La tête se mit à bouger sur le sol en un mouvement de va-et-vient qui entraînait le bras de maman derrière elle. Parfois, le corps avançait sur ses pattes qui étaient des roulettes. Ce n'était pas la première fois que je voyais un aspirateur mais je n'avais pas encore réfléchi à sa condition.
>
> [...]
>
> Il y avait là un miracle : l'appareil avalait les réalités matérielles qu'il rencontrait et les transformait en inexistence. Il remplaçait le quelque chose par le rien : cette substitution ne pouvait être qu'œuvre divine. »

Vous avez votre thème de fiction. Votre cadre. Vous allez devoir imaginer les premiers personnages qui vont vivre cette histoire. Il va vous falloir commencer à décrire vos personnages avant de vous lancer concrètement dans l'écriture de votre fiction. Dire qui ils sont, vous obliger à les décrire, à imaginer leur contexte de vie, leurs qualités, leurs défauts. Leur histoire à eux, c'est-à-dire leur passé. Leurs désirs ou leurs projets de vie future...

Cette description de vos personnages, ce catalogue des futurs protagonistes de votre fiction n'est fait que pour vous. C'est un texte de travail qui restera « confidentiel ». Cela va être votre référence : c'est la bible des personnages.

La bible des personnages

La bible des personnages, c'est le catalogue de personnages, catalogue que vous devez déterminer avant d'écrire la première ligne de votre fiction. Obligez-vous à en passer par là. Trop souvent, le désir d'écrire nous fait nous précipiter directement dans le récit de l'histoire. On se dit que les personnages se révéleront d'eux-mêmes, dans l'action. C'est une grave erreur. Vous allez vous priver inutilement de la richesse que peuvent vous apporter des personnages qui préexistent à votre histoire avec leurs personnalités et leurs propres itinéraires de vie. De plus, vous risquez de commettre des incohérences liées à l'imprécision de ces mêmes personnages. Il n'y a rien de pire qu'un lecteur ou un spectateur qui se dit : « Ce personnage ne peut faire ça ou ne peut pas dire ça ! » En voulant aller trop vite, vous allez tout saborder !

Créer une bible des personnages va vous obliger à définir le nombre des personnages principaux, puis les « principaux » personnages secondaires.

Ce que vous devez définir de vos personnages

Pour chaque personnage, vous allez bien sûr définir son identité, son sexe, son âge, son allure. Où il habite, ce qu'il fait dans la vie, sa situation de famille, les principaux traits de son caractère. Définir également son histoire personnelle, son enfance, un ou plusieurs événements qui ont marqué sa vie. Ses projets et, en une ligne ou deux, pourquoi il se retrouve dans votre histoire. Quel futur l'attend. Cependant, n'inventez pas au hasard, juste pour vous dire que vous avez défini les choses. Si vous ne « voyez » pas certains éléments de la vie d'un personnage, ce n'est pas grave, vous reviendrez compléter son portrait lorsque les choses s'éclairciront dans votre esprit.

Définir un personnage, c'est se poser des questions sur son histoire et son identité, sur les éléments qui ont fondé sa personnalité. C'est définir également sa psychologie.

Cette description des personnages ne figurera pas forcément dans votre histoire. Ce travail de construction sert en fait à les « incarner ». Dans la vraie vie, nos paroles et nos actions sont directement liées à ce que nous sommes et ce que nous avons vécu auparavant. Il doit en être de même pour les personnages fictionnels.

On entend bien des fois certains se vanter de bien définir leurs personnages avant d'écrire et combien de fois, en poussant la question, on se rend compte que les « définitions » dont ils se targuent tant ne sont que quelques vagues lignes censées dessiner l'apparence de chaque personnage mais qui ne nous donnent pas vraiment d'éléments sur le « mode d'emploi » des personnages.

« Irène est une grande blonde, très jolie, au caractère de pétasse. »

« Valérian est petit et un peu ventru. Il est très sérieux, c'est un cérébral. Il se promène toujours en fumant la pipe. Secrètement, il est amoureux d'Irène. »

« Janis est un adolescent très dynamique. Il est toujours partant pour l'aventure. Il aime les jolies femmes mais ne sait pas leur parler. Il est très complice avec son chien, Câlin. »

« Isabelle est grosse mais ne veut pas en entendre parler. Elle dit qu'elle se moque de son aspect et ne semble s'intéresser qu'à la physique nucléaire. Elle n'est pas heureuse mais va faire une grande découverte scientifique. »

Voilà des exemples. En fait, une collection d'imprécisions et de clichés. Allez raconter une histoire juste, riche et originale avec un tel plat de nouilles ! Irène est une pétasse, quelle pétasse ? Pourquoi est-elle pétasse ? Quelle vie a-t-elle eue pour hériter de ce comportement ? Il y a des milliers de pétasses différentes. Et des milliers de raisons pour lesquelles une jeune fille se décide, ou est contrainte, à prendre l'apparence sociale de la pétasse. Est-ce une pétasse silencieuse, de celles qui sourient souvent ne sachant pas que faire d'autre ? Est-elle de celles qui vous soûlent sous un flot de paroles à propos de choses totalement inintéressantes ? Est-elle de celles qui une fois seules dans leur chambre se mettent à pleurer toutes les larmes de leur corps ou de celles qui maltraitent leur petit chien ridicule comme pour se venger de tout ce qu'elles ne sont pas ? Ou de celles, en fait très intelligentes, qui ont choisi cette apparence de « sottes » car elles ont cru remarquer que le monde supporte mieux les sottes que les femmes brillantes ? Qui est Irène ? Quelle enfance a-t-elle ? Qui est, ou était, son père ? Aimait-il sa fille ? Et sa mère ? Quelles étaient leurs relations ?

Et Valérian ? Pourquoi est-il ventru ? Mange-t-il trop ou est-ce le stress qui le ballonne ? Il est cérébral, mais comment ? Aime-t-il se lancer dans des monologues à refaire le monde sans se préoccuper de ce que pense son interlocuteur ou est-il un cérébral silencieux qui écoute l'autre avec tellement d'attention que ce dernier semble du coup terrifié par chaque parole qu'il va prononcer en sa présence ?

Dites-vous bien que vous n'êtes pas en train de vaguement parler de quelqu'un que vous connaissez à peine et dont vous voulez juste mettre en valeur l'un des traits de caractère ou de comportement, non, vous êtes en train de créer une personne, de créer un être !

L'écriture de la bible des personnages doit donc être pour vous l'occasion d'explorer réellement leur nature humaine. Qui ils sont et quelles sont les motivations qui les poussent à se comporter de telle ou telle manière.

Attention, vous devez en savoir plus sur vos personnages que ce qu'il apparaîtra d'eux dans votre histoire. Pourquoi ? Mais parce que vos personnages, comme les femmes et les hommes de la vie réelle, réagissent aux situations par rapport à ce qu'ils sont et à ce qu'ils ont vécu ! Et vous, l'auteur, vous écrirez les passages relatifs à vos personnages en tenant compte de leur passé que vous devez connaître, mais qui n'apparaît pas forcément dans l'histoire finale. Pour autant, ce passé « secret » transparaîtra dans leurs actions et les dialogues. Et le lecteur ou le spectateur percevra cette « face cachée » qui va donner du poids et du vécu aux personnages et à l'histoire.

À ce sujet, reprenons le livre d'Amélie Nothomb *Métaphysique des tubes*. L'enfant, personnage principal du livre, a déjà fait part au lecteur de la personnalité de sa nounou japonaise, Nishio-san. Une femme douce et réservée, en adoration totale pour la petite enfant qu'elle garde et que l'on « sent » très seule dans la vie sans que l'auteure nous l'explicite clairement. Ce n'est qu'au tiers du livre que nous est dévoilé un élément clé du passé de cette femme, un élément qui ne peut qu'avoir marqué à jamais sa personnalité :

> « Elle se lança dans un récit de cauchemar. En 1945, elle avait sept ans. Un matin, les bombes avaient commencé à pleuvoir. À Kobe, ce n'était pas la première fois qu'on les entendait, loin s'en fallait. Mais ce matin-là, Nishio-san avait senti que ce serait pour les siens et elle n'avait pas eu tort. Elle était restée allongée sur le tatami, espérant que la mort la trouverait endormie. Soudain, il y avait eu, juste à côté d'elle, une explosion si extraordinaire que la petite s'était crue d'abord déchiquetée en mille morceaux. Juste après, étonnée d'avoir survécu, elle avait voulu s'assurer que ses membres étaient toujours reliés à son corps, mais quelque chose l'en empêchait : elle avait mis un certain temps à comprendre qu'elle était enterrée.
>
> [...]
>
> "En déblayant, on est tombé, peu à peu, sur les cadavres, entiers ou en pièces, de ceux qui manquaient, dont ma mère et mes frères." »

Il est clair qu'Amélie Nothomb connaissait ce drame qu'avait vécu son personnage avant qu'elle ne nous l'écrive. Et que ce drame transparaissait dans la personnalité de cette femme, dans ses actions et sa façon de s'exprimer.

Les dimensions psychologiques des personnages

Que veut-on dire par les « dimensions psychologiques des personnages » et comment les définir ? C'est simple. Ce sont les ressorts psychologiques de chacun des personnages, ses fondements personnels, ce qui le fait agir comme ci et pas comme ça. Ces « pulsions » psychologiques personnelles peuvent être conscientes ou inconscientes. En effet, un parfait salaud peut être réellement persuadé qu'il est un être bon et généreux ! Par contre, vous, l'auteur, vous devez savoir la vérité sur vos personnages.

Certains ouvrages, plus directement didactiques que celui-ci, proposent de donner toujours trois dimensions psychologiques aux personnages de fiction. Ainsi, on évite la caricature et on donne un vrai relief aux personnages. Il est vrai que nous tous, hommes ou femmes, sommes complexes et pleins de contradictions. Nous pouvons être sympathiques et généreux et en même temps tuer notre mari, notre femme ou notre meilleur ami. Nous pouvons être parfois gentils, d'autres fois, méchants, et avoir une raison personnelle qui explique ces revirements. De même, nous pouvons avoir des pulsions contraires et les transcender dans un comportement encore différent. On pourrait presque dire que chacun de nous comporte une dualité, et une raison ou une résolution de cette dualité.

Lajos Egri dans *The Art of Creative Writing* explique que, pour lui, peu ou prou, tous les hommes sont faits selon le même schéma. Mais tous ne se situent pas au même « degré » d'humanité. C'est une remarque intéressante. Car, effectivement, on a l'impression que certains fonctionnent selon des règles « basiques » et que d'autres ont accès à la complexité. Certains agissent de manière primaire, tandis que d'autres ont hérité de la faculté de porter un « regard sur eux-mêmes ». Il peut être intéressant de définir à quel « degré d'humanité » on place tel ou tel personnage. De toute façon, le créateur de fiction, et de personnages de fiction, se doit d'être un observateur de la psychologie humaine. Il est en effet primordial, pour un créateur de psychologies fictionnelles, de pouvoir s'inspirer de la nature humaine, comme un dessinateur ou un peintre s'inspire de la nature tout court.

Des personnages à trois dimensions

Ces trois dimensions psychologiques permettent aux personnages de bénéficier d'une grande richesse comportementale tout en conservant une unité et une identité aux différents protagonistes.

Je ne suis pas sûr que la psychologie humaine soit toujours réductible à ces fameuses trois dimensions psychologiques principales, mais cette technique, cette règle, semble un bon moyen de construire des personnages originaux, complexes et substantiels, et en même temps identifiés et incarnés.

Si je reprends mon personnage d'Irène (la pétasse), on pourrait imaginer que :

– Irène a un comportement exubérant, rit tout le temps bruyamment et un peu bêtement (première dimension).

– Qu'en même temps elle s'avère secrètement méchante, prête à tuer père et mère pour parvenir à ses fins (deuxième dimension).

– Et qu'en fait elle a un déficit d'amour provenant d'une enfance difficile et sans affection (troisième dimension).

On voit immédiatement que l'on tient là un vrai personnage qui va permettre au lecteur de vivre des scènes diverses et inattendues tout en dessinant une personnalité « entière », « campée ». On imagine que ce type de personnage, portant en lui-même des oppositions psychologiques intéressantes, peut être à l'origine de bien des situations de l'histoire, voire même que l'on peut construire une histoire autour d'une telle protagoniste.

Préconisons donc cette règle qui – même si elle peut sembler de prime abord arbitraire – oblige à définir de véritables psychologies humaines, donc de vrais personnages et non plus de simples « porteurs de bagages narratifs » à une seule dimension, incapables d'incarner l'identité propre d'un véritable personnage.

Pensez à une personne que vous connaissez dans la vie. Pas un proche dont vous connaissez presque toute la vie, mais une « connaissance » par exemple. Et imaginez sa fiche de personnage. Au début écrivez ce que vous savez de lui, son âge, son allure, ses tenues préférées. Sa façon de parler, ses thèmes de prédilection, sa façon de réagir aux situations. Imaginez ce que vous ne savez pas. Puis, définissez les trois dimensions psychologiques qui pourraient « fonder » ce personnage. Si vous n'en savez rien, inventez son enfance, des événements qu'il aurait pu vivre. Décrivez sa famille et les relations qu'il pourrait avoir avec ses plus proches. Imaginez-lui « un meilleur ou une meilleure ami(e) ». Enfin, projetez-le dans le futur. Où voudrait-il mener sa vie ? Quelles évolutions de lui-même pourrait-il vivre ? Quels événements futurs pourrait-il lui arriver ? Faites attention à ce que cette description du personnage soit cohérente. Que l'ensemble corresponde bien à l'idée que vous pouvez vous faire de cette personne, de ce qu'il aurait pu lui arriver et de ce qu'elle pourrait vivre demain.

Les personnages dits « secondaires »

Il vient juste délivrer un message ou livrer une pizza, ou bien il partage le même travail qu'un personnage principal. Il n'a pas beaucoup d'« actions » ni de dialogues dans cette histoire. Du coup on l'appelle secondaire. Mais aucun personnage, en fait, n'est secondaire. C'est la place qu'on lui donne dans son récit qui peut être plus ou moins importante.

Dans la vraie vie non plus il n'y a pas de personnages secondaires. La femme que vous croisez par exemple tous les matins dans la rue et qui souvent vous lance un petit sourire, pensez-vous qu'elle serait contente que vous la considériez comme « secondaire » ? Si elle n'a que peu d'importance dans votre vie, elle n'en est pas moins, elle, un personnage aussi riche et complexe que vous !

Au cours de votre histoire, des nouveaux personnages vont « surgir » et enrichir la galerie des protagonistes. Quelle que soit leur place dans votre histoire, prenez le temps d'arrêter le cours de votre récit et de créer une fiche pour ce personnage.

Attention, vous n'êtes pas obligé de définir vos personnages « secondaires » aussi soigneusement que vos personnages principaux, non, mais il leur faut tout de même assez de vie et de consistance pour pouvoir exister comme de véritables êtres vivants.

Faites un plan de ce qu'il vous semble important d'indiquer dans vos fiches de personnages. Chaque auteur a en effet ses propres « axes de description » d'un personnage. Il y a bien sûr des incontournables, comme le sexe, l'âge et l'activité professionnelle. Mais il y a aussi des choses qui vous parlent plus. Certains auteurs ont plus besoin que d'autres, par exemple, d'indications physiques, comme les mains, le regard, les traits du visage, la texture de la peau, la sudation, la respiration, la « tenue », etc. D'autres sont plus « psychologiques » et vont s'appesantir sur les différents types de réactions du personnage et son apparence psychoaffective. S'il est autoritaire, silencieux, volubile, évasif, émotif, froid, attachant, repoussant, convivial, gêné, amusant, frivole, rasant, prétentieux, etc. De même, voyez jusqu'où il vous semble important d'aller dans le passé du personnage. Sa famille, ses études, la région où il a vécu, le type d'habitat, ses jeux préférés, ses résultats scolaires, ses premières amours, ses habits d'enfance, quel élève il était dans la classe, le fort en maths, la tête à claques ou le rêveur éveillé. Attention, vous ne faites pas une fiche administrative du personnage. Vous devez le décrire tel qu'il apparaît ou d'après ce qu'il laisse suggérer de lui. Un âge apparent est tout aussi important qu'un âge réel. La différence entre les deux peut même représenter une indication importante de la psychologie du personnage. Cet exercice vous permettra de clarifier votre façon de voir les autres, et donc aussi les personnages de fiction. Cela vous permettra également d'«ordonner» votre travail sur les personnages.

La bible des personnages est un « texte » évolutif

Ne considérez pas la bible des personnages comme un texte sacré, écrit une bonne fois pour toutes et ne pouvant jamais être revu ou corrigé ! Au contraire. Vos personnages, en vivant l'histoire dans laquelle vous les avez plongés, vont acquérir une identité propre, vont mieux se dessiner et prendre chair. Ils vont sans doute évoluer, s'affiner par rapport à votre intention de départ. N'hésitez pas à revoir votre bible des personnages pour redéfinir tel ou tel protagoniste et ses possibilités d'évolution dans votre histoire.

Les différents axes de description des personnages

La définition de vos personnages comporte plusieurs parties distinctes :

— la description physique et comportementale du personnage ;

— son histoire ou son passé ;

— sa psychologie et les trois «dimensions principales» qui forment la base de sa personnalité et le font agir ; ces trois dimensions devant «expliquer» en grande partie le comportement du personnage comme certains éléments de son passé.

Enfin, des pistes de ce que pourraient être son évolution et son futur :

Un homme peut avoir un visage d'ange, un corps de sportif et être petit de taille. Ce peut être sa petitesse qui l'a perturbé dans son enfance et lui a donné une volonté de réussir à tout prix. Ce qui devient l'une de ses trois dimensions principales.

Une femme peut être très belle mais avoir eu un père insensible aux autres, ce qui a fait d'elle – en réaction – une éternelle « infirmière » prête à aider tout le monde et n'importe qui. Ce qui fonde l'une de ses dimensions.

Écrire pour ses personnages

Vous avez défini vos personnages et écrit votre bible qui est un peu le « mode d'emploi » de vos personnages. Vous allez donc maintenant vous atteler à écrire votre histoire avec ces personnages. Vous allez donc écrire « pour eux », de « leur côté ».

Lorsque vous écrivez l'action ou les dialogues d'un personnage, vous devez vous mettre à sa place. Si vous avez préalablement bien défini la personnalité et la « biographie » de votre personnage, vous allez pouvoir, comme un acteur en improvisation, endosser son caractère, voir les choses sous son angle. Et c'est lorsque vous serez littéralement « dans sa peau » que ses pensées, ses désirs, ses réactions aux événements vont vous venir. C'est dans sa peau que ses paroles vont arriver sur vos lèvres ou plutôt, sous votre plume. Et ce peut être parfois presque « imprévisible ».

Endossez une personnalité qui n'est pas la vôtre. Cherchez dans votre mémoire des situations mettant en scène une ou des personnes que vous avez réellement rencontrées et dont la personnalité vous a semblé marquante. Écrivez cette scène à la première personne, celle du personnage en question. Essayez d'imaginer sa psychologie et ses pensées lors du déroulement de cette séquence. Voyez la scène « de son côté ».

Le passage suivant montre bien comment l'écrivain de fiction peut entrer dans la peau de son personnage pour raconter une action. Nous sommes dans les premiers chapitres du roman de Tom Wolfe *Le Bûcher des vanités* (*The Bonfire of the Vanities*; trad. fr. Le Livre de poche, 1987). Sherman, un WASP (*white Anglo-Saxon Protestant*) de deuxième génération, précieux, arrogant, prétentieux et sûr que son travail de spéculateur international fait de lui un « maître du monde », roule en Mercedes coupée dans New York avec son amante Maria, une femme jeune, à la beauté animale. Ils se trompent de sortie d'autoroute et aboutissent dans la « zone » du Bronx. Ils trouvent finalement un accès à l'autoroute et le prennent. Mais un vieux pneu au milieu de la chaussée barre leur route. Sherman descend pour enlever l'obstacle quand soudain :

> « Deux silhouettes !… Deux jeunes types – noirs – sur la rampe, venant vers lui… *Celtiques de Boston* !… Celui qui était le plus proche de lui portait un survêtement de basket argenté avec CELTIQUES écrit en travers de la poitrine… Il n'était qu'à quatre ou cinq pas de lui… puissamment bâti… Son survêtement était ouvert… un tee-shirt blanc… des pectoraux énormes… un visage carré… mâchoire large… grande bouche… Ressemblait à quoi ?… Un chasseur ! Un prédateur !…
>
> […]
>
> – Hey, dit le gros. Besoin d'aide ?
>
> Sherman était immobile, le pneu dans les bras, sur ses gardes.
>
> – Kesk'ya, mec ? Besoin d'aide ?
>
> Une voix de bon voisinage. *C'est bidon ! une main dans sa poche de veste !* Mais il a l'air sincère. *C'est du bidon, idiot !* Mais suppose qu'il veuille vraiment m'aider ? *Et qu'est-ce qu'ils font sur cette rampe.* N'ont rien fait – n'ont pas menacé. *Mais ils vont le faire !* Reste amical. *Tu es fou ? Fais quelque chose ! Réagis !* Un son emplit son crâne, le son de la vapeur sous pression, un rugissement. Il tenait le pneu devant sa poitrine. Maintenant ! *Bang* – il chargea le plus gros et lui jeta le pneu. Le pneu revint droit vers lui ! Il leva les mains. Il écarta le pneu qui rebondit. Un grognement. La brute était tombée sur le pneu. Le blouson argenté, les Celtiques, au tapis… Le propre élan de Sherman le poussa en avant. Il glissa sur ses chaussures de soirée New & Lingwood. Il pivota. »

Dans ce texte, c'est clairement le personnage de Sherman qui mène le récit. Ce sont presque ses yeux qui « parlent » au fur et à mesure qu'il voit ce qu'il se passe autour de lui. Le texte reprend ses pensées intérieures, accentuant encore l'aspect « vision du personnage » du récit. Par la même occasion, on peut apprécier également dans ce passage le côté très « oral » de l'écrit.

Donnez sa chance à chacun de vos personnages

Si l'on s'intéresse à vos personnages, si l'on s'attache à eux et à leurs vies de fiction, c'est parce que vous avez su faire voir les choses « de leur côté », avec leur vision. Pour que cela se passe, vous devez les « défendre », tous. Même les personnages les plus rebutants ! Et pour défendre vos personnages, vous devez les apprécier, les aimer. Non pas parce qu'ils seraient tous formidables, droits, honnêtes et désintéressés. Bien sûr. Mais parce que votre personnage voit forcément « son côté des choses ». Il a forcément ses raisons de penser ou d'agir comme il le fait. Et il a aussi sa petite part d'humanité. Même le plus grand des salauds a une part humaine en lui. C'est cette part humaine qui doit vous émouvoir et qui doit vous convaincre de laisser sa chance à chacun des protagonistes. Sa chance de mener à bien ses projets, les meilleurs comme les plus sordides. Sa chance de se poser des questions, de prendre des décisions qui lui ressemblent, de vivre sa vie, telle qu'il la voit.

Juger ses personnages ? En général, c'est déjà fait. Qu'y a-t-il à juger un meurtrier avéré ou un dictateur sanguinaire ? Non, ce qui est passionnant, c'est de comprendre, ne serait-ce qu'un peu, ces êtres répugnants, c'est accepter que tout humain – y compris nous-mêmes – puisse prendre un chemin similaire. Le roman, le film ou la pièce de théâtre sont aussi des miroirs à travers lesquels les personnages, ces « autres », nous renvoient des morceaux cachés de nous-mêmes. L'écrivain, comme le lecteur, n'est jamais étranger à une histoire. Si tel était le cas, c'est qu'elle serait sans intérêt, sans consistance pour personne.

Rappelons-nous ce que Jean Renoir fait dire à l'un de ses personnages dans *La Règle du jeu* :

> *« Le plus terrible dans ce monde, c'est que chacun a ses raisons. »*

Au début du roman *Le Bûcher des vanités* de Tom Wolfe, le principal héros, Sherman, apparaît comme un prétentieux imbécile, imbu de lui-même, arrogant, raciste, sinistre, intellectuellement et foncièrement malhonnête, bref : un personnage issu de la catégorie des sales cons et/ou des salauds. Mais à force de suivre son histoire de son côté, on se prend d'abord à le comprendre, puis à l'excuser et enfin à vouloir le défendre. Car autour de lui, les autres personnages censés être du « bon côté », ceux censés défendre les bonnes causes, s'avèrent encore pires de malignité, de fourberie, d'égoïsme et de méchanceté... « Dans la peau de Sherman », on comprend son « équation humaine » et on se sent obligé de pardonner. Pardonner quoi ? On ne sait pas trop, mais on ne se sent plus capable de lui jeter la première pierre... C'est là tout l'intérêt de la fiction : pouvoir visiter des humanités différentes de la nôtre.

Chapitre 4

Les ressorts de la fiction

Nous voilà devant le corps de notre sujet : comment trouver et construire l'histoire ? Vous avez une idée, un thème ou un personnage fort autour duquel il vous semble possible de créer une fiction.

Vous allez devoir passer par des phases purement créatives au cours desquelles il va falloir laisser un total libre cours à votre imagination. Mais aussi par des phases de construction ou de recoupement au cours desquelles il va falloir structurer votre histoire. Ce sont des phases de travail qui font appel à des qualités et des états d'esprit très différents, voire même opposés. Il faut savoir développer ces deux qualités, car elles sont essentielles à la création de fictions de qualité, c'est-à-dire qui vont passionner le lecteur ou le spectateur. Par nature, vous avez sans doute plus de facilités pour l'une ou l'autre de ces phases de travail, soit pour la créativité, soit pour la structuration. Il vous faudra travailler le plus ce qui vous est le moins facile.

Vous allez être confronté à plusieurs phases de développement de votre fiction :

- trouver une idée d'histoire ;
- développer cette idée et définir le déroulement détaillé de cette histoire ;
- définir une structure, soit l'agencement des chapitres ou des scènes que vous allez traiter.

- enfin le traitement ou l'écriture finale qui suivra la structure que vous avez choisie.

Nous avons vu comment développer les personnages fictionnels et quel était leur rôle. Avant de se lancer dans la construction de l'histoire, il est bon de savoir sur quels « ressorts » va pouvoir se développer votre structure fictionnelle. Ces ressorts de la fiction représentent les leviers indispensables à la construction de votre histoire.

Commençons donc, si vous le voulez bien, par la description de ces différents « outils de travail » avant d'aborder la structure et le traitement de l'histoire fictionnelle.

Du personnage à l'histoire : la confrontation

On a déjà dit beaucoup de choses à propos des personnages. On a précisé qu'ils devaient être particuliers, définis, que l'on devait connaître leur passé, leurs qualités, leurs défauts, leurs secrets, leurs peurs, leurs désirs, leurs manières de s'exprimer, etc.

Ce sont eux qui vont être les principaux supports de votre fiction ; eux qui piloteront l'histoire. Fort bien.

Mais qu'est-ce qui va pouvoir motiver vos choix lorsque vous allez définir la personnalité de vos personnages ? Et comment choisir des personnages qui vont « fonctionner » avec votre histoire ? On se dit toujours que personnages et histoire doivent « marcher » ensemble. Mais qu'est-ce que cela veut dire au juste ?

À ce stade, on doit se reposer la question : qu'est-ce qu'une bonne histoire ? Et avant ça, pourquoi, en tant que lecteur ou spectateur, s'enthousiasme-t-on pour une histoire ? Tout simplement quand elle nous fait vivre des situations étonnantes, difficiles ou incroyables par personnages interposés. Du coup, comment rendre les choses « étonnantes », « difficiles » ou « incroyables » ? Par la confrontation :

- confrontation entre un personnage et une situation qu'il lui est difficile, voire impossible, de surmonter ;
- confrontations entre des personnages que tout oppose ;

50

• confrontation entre des personnages et des environnements qui ne sont pas les leurs.

L'une des plus magnifiques histoires de confrontation entre un personnage et une situation reste le splendide film *Le Discours d'un roi* (*The King's Speech*) de Tom Hooper. C'est l'histoire vraie du roi George VI, arrivé sur le trône après l'abdication de son frère Édouard VIII.

Nous sommes au début des événements qui vont précipiter la Seconde Guerre mondiale. Le souverain de l'Empire britannique doit parler à son peuple pour lui expliquer l'entrée en guerre du pays face à l'Allemagne nazie. Oui, mais, petit problème : le roi George VI est bègue ! Incapable d'aligner deux mots sans trébucher sur telle ou telle syllabe et provoquer ainsi le rire ou la honte de ceux qui l'écoutent ! Comment fédérer un peuple par ses discours avec un tel handicap !

Voici la situation : le roi doit parler à son peuple, le convaincre et emporter son adhésion pour la défense de la liberté et de l'empire. Mais le roi ne peut aligner deux mots, le roi ne sait pas parler ! Le personnage est donc confronté à une situation impossible pour lui. Et nous allons regarder ce film avec passion pour voir comment il va réussir malgré tout à surmonter cette impossibilité !

C'est toute l'histoire du film. Et elle ne tient que sur la confrontation entre le personnage du roi et cette situation. Sans cette confrontation, pas de fiction, pas d'histoire. En effet, si ce roi était au contraire un tribun confirmé, il n'y aurait nul intérêt à raconter cette histoire de discours au peuple. De même, si ce roi n'était qu'un roi d'opérette dont la parole ne comptait pas dans la vie politique du pays, nul problème qu'il soit bègue ou autre chose. Et là encore, vous n'auriez aucune histoire intéressante à vous mettre sous la dent ou plutôt, sous la plume.

Au contraire, dans *Le Discours d'un roi*, à partir du moment où le spectateur a compris la situation de confrontation que propose le film, il va suivre avec passion chaque effort de ce roi pour vaincre son handicap. Il va crier victoire avec lui lorsqu'il aura réussi à faire une phrase de trois mots sans chuter. Il va se désespérer lorsqu'il perdra foi en lui et sa guérison. Il va crier et pleurer de joie lorsqu'à la fin du film, il va enfin réussir à adresser un long discours à son peuple à la radio, un discours fondateur, qui va placer la Grande-Bretagne en rempart contre les forces nazies qui s'apprêtent à fondre sur l'Europe.

La confrontation du personnage à une situation, un des moteurs majeurs de la fiction

C'est l'opposition entre le personnage et la situation qu'il doit vivre qui crée l'intérêt et le suspense de la fiction. Cela s'appelle aussi l'enjeu de l'histoire. L'enjeu, c'est ce que doit faire le personnage pour surmonter la situation à laquelle il est confronté. Et ce qui est vrai pour le livre ou le film dans son ensemble, l'est aussi pour la construction de chaque scène ou de chaque chapitre de vos récits. Une bonne manière de toujours créer de l'intérêt pour votre histoire est que chaque séquence de votre fiction propose une situation de confrontation ou d'opposition qui doit se résoudre, un « enjeu ». Le couple opposition et confrontation est l'un des moteurs principaux de la fiction.

Toujours dans *Le Discours d'un roi*, l'une des premières scènes montre la femme du roi venue *incognito* voir un spécialiste de la diction qu'on lui a indiqué et qui utilise des méthodes thérapeutiques totalement nouvelles. Des méthodes tirées de la psychologie et de la psychanalyse.

La scène est construite sur une opposition des personnages : elle défendant les obligations et contraintes liées à la noblesse dont elle et son mari sont issus. Lui défendant ses valeurs de thérapeute et l'obligatoire « égalité » qui doit s'instaurer entre lui et son patient. La même scène présente aussi une situation d'opposition qu'il faut résoudre : le roi ne peut être traité qu'avec les égards dus à son rang. Le thérapeute ne peut intervenir que si son patient se plie à sa méthode, qui comprend notamment une relation libre et non codifiée entre son patient et lui.

L'enjeu de la scène est simple : comment les deux personnages vont-ils résoudre ou surmonter ces oppositions et que va-t-il « sortir » de cette scène ? Soit les personnages vont trouver un terrain d'entente pour poursuivre leur relation. Soit ils ne vont pas réussir ce compromis et confirmer leur « rupture ». Dans le cas du film, je vous rassure, ils vont trouver un compromis et le roi va pouvoir entamer sa thérapie.

L'opposition et la confrontation des personnages : un enjeu de fiction

Nous nous sommes attachés jusqu'à présent à mettre en lumière la confrontation entre un personnage et une situation. Confrontation

52

qui permet de « nourrir » la fiction, de lui donner un enjeu. Il en est de même pour des personnages entre eux. De leur opposition et de leur confrontation vont naître des « enjeux » de fiction. Si vous voulez former un couple par exemple, il est préférable de choisir deux personnages différents ou qui paraissent impossibles à « marier » de prime abord. Et, dès le début, le lecteur va se passionner en se demandant comment ces « chat et chien » vont faire pour vivre une histoire ensemble. Un grand nombre de comédies romantiques sont fondées sur ce type de confrontation. On connaît tous aussi le cas de deux policiers qui font équipe : on ne choisit évidemment pas deux cérébraux, calmes et tactiques qui vont discuter des heures ensemble de la façon de monter leur plan. Non, on prend par exemple un cérébral qui déteste les crétins sans cervelle et un simplet qui se la joue « cow-boy » et qui fonce tête baissée dans n'importe quel piège… À moins qu'une belle fille passe par là, car il est impossible pour ce cavaleur de ne pas tout abandonner pour suivre la belle ! C'est la nature de ce couple improbable qui fait que le spectateur ou le lecteur va être intéressé par la suite. Et comment un attelage aussi dépareillé va-t-il s'en sortir ?

Même chose pour un couple amoureux ou qui doit le devenir. Si vous prenez une fille sérieuse, de bonne famille, classique, bac + 12 et un peu « collet monté » ; vous allez la confronter par exemple à un vieux dragueur qui n'a qu'une bouteille de whisky dans la tête, parle comme un charretier et met la main aux fesses de toutes les filles qui passent. Même si on sait que ces deux-là vont finir par vivre ensemble ou travailler ensemble, on suit l'histoire avec engouement pour voir comment ces deux opposés vont réussir à s'apprécier. C'est l'opposition des deux personnages qui va faire tout le sel de l'histoire.

L'opposition et la confrontation d'un personnage à un environnement

Un autre cas de confrontation intéressante est la confrontation d'un ou des personnages avec un environnement, un milieu qui n'est pas le sien. C'est le thème de l'enfant sauvage exploré par Truffaut par exemple : un enfant abandonné a vécu seul dans la nature comme un animal. Il est capturé et découvre le monde civilisé. Comment va-t-il appréhender ce nouveau monde ? Il doit par exemple apprendre à parler et le spectateur se passionne pour ses premiers mots. C'est le cas aussi de nombre d'histoires et de films qui narrent l'arrivée d'un(e) campagnard(e), un « plouc », dans la vie urbaine et complexe d'une grande ville ou d'une capitale. Ou encore des récits de science-fiction : des personnages soudain déplacés dans un monde totalement inconnu. Toutes ces « plongées » de personnages en milieu inconnu sont bien sûr des situations idéales de confrontation et permettent de développer des fictions intéressantes.

La fiction se nourrit des différentes oppositions et confrontations

Vous l'avez compris, une bonne histoire doit comporter des oppositions et des confrontations qui vont lui donner un ou des enjeux et la rendre passionnante. Car plus grand est le chemin que les personnages vont devoir parcourir pour se sortir d'affaire, plus grand va être l'intérêt du lecteur ou du spectateur pour l'histoire. Nombre de fictions racontent en fait plusieurs histoires avec, pour chacune d'elles, un enjeu fictionnel tiré d'une confrontation. Il n'est pas rare qu'une fiction mélange opposition des personnages, confrontation à une situation et confrontation à un environnement inhabituel. C'est le cas par exemple des films d'aventures avec un héros bien trempé qui doit faire équipe avec une fille BCBG qui déteste l'imprévu, dans un environnement de jungle ou de désert. Le tout avec une histoire de trésor à découvrir et de bandits qui font tout pour les supprimer et rafler le trésor à leur place.

Souvenez-vous de ce film, *Le Lauréat* (*The Graduate*) de Mike Nichols avec Dustin Hoffman. Il commence ainsi (après le générique) : on voit les choses à travers le masque de plongée du jeune héros que ses crétins de parents viennent de lui offrir pour l'obtention de son diplôme. On entend sa respiration rauque et répétitive. Il fait la gueule et ne sait pas pourquoi il est là. Ce qu'il voit ? Des tas de gens déguisés en

« fête », de vieilles fausses blondes moulées dans des robes trop courtes, des imbéciles qui jouent les bronzés dans d'horribles shorts d'été et qui rient comme des porcs. Et les grimaces simiesques que lui font tous ces gens à son passage pour soi-disant « mettre de l'ambiance » ! Et lui respire. Difficilement. Dans son masque de plongée. Il sait (on le devine) qu'il est ridicule dans cet attirail, à traverser le salon puis la terrasse avec tous ces gens qui le regardent. On sait qu'il n'a rien à voir avec eux. On sait qu'il les déteste tous et même ses parents et que ça ne va pas bien se finir. Opposition. Dès les premières images, l'opposition de ce fils avec sa famille et son milieu saute à la figure du spectateur. Mais sa situation est aussi inextricable : ses parents « chéris » lui ont payé les études que, eux, voulaient pour leur enfant, sa famille a déjà son idée pour le marier à une fille dont il ne veut pas, et l'ami de son père lui propose un premier poste qu'il ne peut refuser. Il paraît impossible pour ce pauvre garçon de se sortir de ce piège !

Et le spectateur se dit : « Hum, ça va être saignant ! » Et, du coup, il s'accroche au film et ne le lâche pas avant que le mot « fin » ne s'affiche sur l'écran. Et même après le mot « fin », il regrette qu'il n'y en ait pas encore un peu. Du rab, oui, le spectateur ne cracherait pas sur un peu de rab, tellement le film l'a pris.

Trouvez des couples de personnages en opposition totale entre eux. Par exemple, une scientifique réfléchie et cartésienne qui « fait la mauvaise paire » avec une fille délurée extravertie et uniquement soucieuse de ses fringues et de son maquillage. Ou un aventurier passionné de bateau et d'aviation avec un petit mec fragile, toujours en costume étriqué, et qui a peur de son ombre, etc. Trouver ensuite un contexte en opposition avec les deux ou au moins l'un des deux personnages de la paire : la pêche au gros en haute mer, ou les réseaux d'espionnage, ou un village perdu dans la montagne. Et enfin, une situation difficile pour eux : démarrer et conduire un camion ou un avion, seul moyen de se sauver d'un mauvais pas, retrouver une boucle d'oreille perdue dans une forêt, négocier avec un grand financier, etc. À chaque fois, trouvez plusieurs possibilités. En combinant vos différents personnages, les multiples contextes et les situations que vous avez imaginés, vous obtenez déjà des esquisses de ce qui peut devenir une histoire.

Mais oppositions et confrontations ne peuvent pas, à elles seules, « faire » l'histoire

L'opposition et la confrontation créent de l'intérêt. Mais tout cela ne suffit pas à faire une bonne histoire. Car une fois que vous avez votre confrontation, que va-t-il se passer ? Ou plutôt, que serait-il intéressant qu'il se passe ? Reprenons l'exemple du *Lauréat*. Une fois que le spectateur a compris qu'il y a opposition entre le jeune homme et sa famille, qu'attend-il ? On le voit dès le début prisonnier de cette famille et de ce milieu bourgeois, factice et faussement « joyeux ». On voit pointer le piège qui se resserre sur lui : le premier travail fourni par l'ami de la famille, un destin tout tracé et aussi ennuyeux qu'une autoroute toute droite dans le désert.

On attend de voir si ce gamin va se révolter, voilà ce qu'on attend ! S'il va savoir se surpasser et dire non à ce futur, ce « prêt-à-vivre » lisse et plat comme une limande. Et on veut se mettre dans sa peau et voir comment il va s'y prendre, voilà ce qu'on veut ! Le chemin n'est pas facile et parsemé d'embûches. Le jeune homme va devoir rester ferme et ne pas se laisser abattre ! Il va falloir qu'il coupe les ponts avec son milieu et espère en sa réussite. Tant mieux, c'est ce que l'on cherche ! Et pour s'en sortir, le personnage va devoir évoluer, oui, changer et évoluer. Et nous tenons là un des autres ressorts de la fiction : l'évolution des personnages principaux.

L'évolution des personnages, un moteur de la fiction

Comprenez. Nous avons notre situation de confrontation. Qu'elle vienne d'un personnage dans une situation critique ou de l'opposition entre personnages, peu importe. On a notre personnage qui doit surmonter la situation ou l'opposition dans laquelle il se trouve. C'est l'enjeu de la fiction. Pour dépasser cette situation « bloquée », « impossible », il faut que quelque chose « bouge » : le personnage doit changer.

Le lecteur ou le spectateur, si tout fonctionne bien, est au début passionné par la situation inextricable qu'on lui présente, cette « équation » qui semble impossible à résoudre. Il se met dans la peau du personnage et se demande bien ce qu'il ferait à sa place ! Avec délice, il continue sa lecture pour voir comment cela va évoluer. Comment l'histoire va faire avancer le personnage dans son humanité. Car c'est ce que l'on attend d'un personnage principal : le voir évoluer avec les événements et vivre ses évolutions, avec lui, comme si c'était nous-mêmes qui changions. Et parfois c'est vrai ! Les évolutions du personnage principal inspirent notre propre vie ! Parce que parfois, nous sommes si proches du personnage principal, si proches de ses réflexions, de ce qui le mène à changer sa vision des choses, jusqu'à se changer lui-même, on est tellement dans sa peau que nous aussi, nous changeons avec lui notre vision des choses. Et en fermant le livre ou en sortant de la salle, nous prenons pour nous-mêmes des décisions qui vont modifier le cours de notre vie. La fiction nous a changés : vive la fiction !

Relisons le fameux roman d'Isabel Wolff *Les Mésaventures de Minty Malone* (*The Making of Minty Malone* ; trad. fr. Jean-Claude Lattès, 2000).

Le personnage principal, Minty Malone est une journaliste radio « de base ». Au début du roman, elle se fait plaquer par son mec en pleine cérémonie de mariage. Au lieu de dire « oui » à la question fatidique, ce dernier répond que, tout bien réfléchi, c'est « non » ! On découvre qu'en fait, Minty Malone se fait marcher sur les pieds par à peu près tout le monde, ses collègues les moins compétents, son abominable cousine Amber et cette atroce femme qu'elle est toujours obligée d'interviewer parce que son mari est l'un des plus gros annonceurs de la radio pour laquelle elle travaille. Tout ça parce que Minty a un grave problème : elle est trop gentille. Elle ne sait pas dire « non ». Et les gentils se font marcher dessus. Toujours. Tout le monde profite de leur gentillesse et, personne n'apprécie vraiment ce trait de caractère qui pourtant pourrait paraître au départ plutôt positif. Minty prend conscience de sa « maladie » et consulte. Elle participe à un groupe de travail de « gentils » qui apprennent à devenir enfin « méchants ». Au début, ça ne marche pas beaucoup. Elle essaie, elle essaie, puis craque et cède. Un peu comme ces drogués qui tentent désespérément de résister à leur penchant. On espère avec elle qu'elle va réussir et qu'enfin elle prendra sa vie en main plutôt que passer son temps à s'occuper de celle des autres. La première victoire arrive presque à la moitié du roman. Elle se fait virer d'une émission par Melinda, une nulle arriviste et qui zozote (super pour une animatrice de radio), laquelle, en plus, semble vouloir la consoler de l'échec qu'elle vient de lui faire subir :

> «— En tout cas, Minty, fa n'est pas grave d'être une simple zournaliste, poursuivit-elle avec le tact d'un marteau-piqueur. Et ze ne veux pas que tu fois zalouse de moi parfe que tu n'animes plus l'émiffion.
>
> Je la regardai et sentis mes larmes se tarir. Bon. *D'accord.*
>
> — Mais je ne suis pas jalouse, Melinda, rectifiai-je calmement. Quelle idée absurde. Je suis *folle de rage* ! Je suis folle de rage qu'un gros tas de troisième ordre comme toi décroche le meilleur poste d'animatrice, simplement parce qu'elle a du piston !
>
> Tout le monde s'étrangla en me fixant, bouche bée. C'est Minty qui a dit ça ? les entendais-je penser. C'est *vraiment* Minty qui a dit ça ? Les yeux de Jack lui sortaient de la tête. Ceux de Wesley aussi. Tout comme les miens. J'avais effectivement dit ça. J'avais *vraiment* dit ça. J'avais dit quelque chose d'absolument pas gentil et de totalement méchant. Je regardai Melinda. Elle était livide. »

Et voilà. Minty a enfin évolué. Elle a appris à être méchante. Elle a enfin résolu son problème. Enfin son premier problème. Car sa transformation en « méchante » va en poser bien d'autres… Ce qui est excellent pour le suspense : à peine l'un des enjeux de l'histoire est-il résolu que d'autres se posent à nouveau, venant opportunément « nourrir » la fiction.

Les personnages principaux évoluent, les autres, non

Je vous ferai grâce de l'exemple du train qui se déplace et de l'éternelle question : est-ce le train qui se déplace ou le paysage qui défile ? Tout le monde comprend bien que cela dépend de l'endroit où l'on se trouve. En revanche, ce qui est clair, c'est que, pour qu'il y ait « déplacement », il faut que l'un bouge tandis que l'autre reste en place. Il en est de même pour la fiction.

Pour voir votre personnage principal « bouger », évoluer, il faut que le « paysage » autour de lui reste « fixe ». Là encore, nous avons besoin d'opposition, besoin de contraste ; aussi vrai qu'on a besoin de l'ombre pour apprécier la lumière. Si notre personnage principal doit sans doute changer, il est préférable que les personnages qui sont autour de lui ne changent pas. Il faut que certains personnages secondaires persistent dans ce qu'ils sont : l'infâme salaud doit rester un salaud, comme l'imbécile doit continuer à ne rien comprendre, ou le lâche à se dérober, ou le frimeur à frimer.

D'une part leur persistance permet de mieux mettre en valeur l'évolution du ou des personnages principaux, d'autre part, ils servent d'appui à l'évolution du premier des protagonistes. Et il serait bien difficile de prendre appui sur des éléments mouvants.

Dans *Le Lauréat*, le jeune homme, qui en vient sans doute à abhorrer sa famille et le milieu social dont il est issu, se construit en affrontant son père, sa mère et l'ami de son père qui eux restent du début à la fin ce qu'ils sont. S'ils se mettaient à évoluer, à comprendre le jeune homme et à changer d'attitude envers lui, il continuerait, lui, de se laisser porter par les événements et n'évoluerait pas puisque ce seraient les personnes et les choses autour de lui qui se modifieraient pour s'adapter à lui.

C'est donc là l'une des autres règles de la « bonne histoire » ou de la bonne fiction. Le ou les personnages principaux évoluent, et c'est même l'intérêt de l'histoire de les voir évoluer, résoudre une situation de confrontation. Tandis que les autres personnages, eux, restent dans leurs habits de départ, conservent leurs personnalités et leurs attitudes aussi marquées soient-elles (et il est mieux qu'elles soient bien évidentes, que le méchant soit vraiment méchant ou l'amoureux, transi !).

… Ou l'inverse !

Toutefois, il existe une forme de contre-histoire tout à fait possible. Certains « fictionnistes » (le mot est inventé, mais il sonne bien !) font exactement l'inverse et cela marche tout aussi bien. Dans ce cas, c'est le personnage principal qui reste « dans son jus » sans changer un iota qui il est ; ce sont les autres qui changent autour de lui. C'est souvent le cas, par exemple, dans les comédies qui prennent pour personnage principal le sympathique maladroit qui apparaît même comme un peu imbécile, mais attachant. Lui ne change en rien du début à la fin de l'histoire. Mais si les autres le prennent au début pour un crétin, ils vont finir par apprécier son humanité et changer eux-mêmes. À son contact, le patron cupide et inhumain va finalement se mettre à considérer ses employés, ou bien la belle fille arrogante et calculatrice, qui a cherché à se servir de lui, va finalement vraiment tomber amoureuse de lui et l'épouser. Ces histoires fonctionnent parfaitement bien car elles respectent la dualité, le contraste entre les différents types de personnages. Là ce sont « les autres » qui changent en s'appuyant sur le personnage principal qui persiste et signe dans ce qu'il est du début à la fin de l'histoire.

C'est le cas dans beaucoup d'histoires d'Alfred Hitchcock, qui aimait les « héros malgré eux ». Dans *La Mort aux trousses* (1959), Cary Grant joue un publicitaire new-yorkais « normal » plongé malgré lui et à la suite d'un malentendu dans une sombre histoire d'espionnage. Malgré toutes les aventures qu'il va subir, il restera lui-même, toujours ce « petit » personnage courtois, sympathique et raisonnablement malin. C'est autour de lui que l'action se noue et que les autres personnages vont se révéler et évoluer. Lui ne bouge pas d'un poil. Il y a là une défense évidente des « messieurs Tout-le-monde » contre la supposée richesse des personnages d'aventuriers et d'aventurières. Monsieur Tout-le-monde gagne à la fin car il est toujours le même, un homme simple et de bon sens !

Ce cas de figure vaut pour les héros récurrents qui, par définition, ne peuvent pas changer, étant presque l'archétype d'eux-mêmes. C'est donc le monde et les autres qui changent autour d'eux et à leur contact. D'ailleurs, assez souvent, dans ce cas, chaque épisode de la série révèle un (ou des) personnage(s) qui va (vont) évoluer avec l'aide du héros qui sert de catalyseur ou d'accompagnateur. Le héros enquêteur va pousser le jeune enfant à exprimer les horreurs qu'il a vécues et à refaire sa vie, ou il va convaincre l'alcoolique qui a abandonné sa famille de se débarrasser de ses fantômes et de sa drogue, etc. La fiction à épisodes a ses particularités mais, dans l'ensemble, elle répond aux mêmes lois que la fiction unique.

L'action, essence même de la fiction

L'action n'est pas l'un des « moteurs » de la fiction. Elle est bien plus que ça : car la fiction, c'est l'action !

Avant de commencer à écrire une histoire, une scène ou un chapitre, pensez très fort à cet adage : « L'action doit précéder la compréhension et non l'inverse. »

C'est comme dans la vie. Vous vous promenez dans la rue et tout à coup vous voyez deux hommes se battre à mort. Vous ne savez ni qui ils sont, ni pourquoi ils se battent. Et si vous restez assister à la suite, c'est aussi pour savoir de quoi il retourne. Car l'action crée elle-même son propre suspense ! Voilà la règle. Dès qu'une scène d'action est décrite, le lecteur se demande pourquoi tout cela se produit. L'action crée « mécaniquement » du suspense.

Un avion vole dans le ciel. Soudain, le moteur a des ratés et l'avion s'écrase au sol. On ne distingue que les restes encore fumants de l'appareil. Cette action nous amène à nous poser une « foultitude » de questions qui déterminent le suspense : quel est cet avion ? Est-ce un avion de ligne ou un vol privé ? Que s'est-il passé ? Est-ce un accident ou un sabotage ? Où s'est-il écrasé ? Y a-t-il des survivants ?

On sait bien, en tant que spectateur ou lecteur, que nous aurons des réponses par la suite. Et c'est la raison pour laquelle nous allons continuer de lire le livre, de regarder le spectacle ou le film. L'action crée le suspense que l'histoire va peu à peu dénouer. Et dès que l'on commence à avoir des réponses aux questions posées par l'action – et donc à voir le suspense se tarir –, une nouvelle action doit relancer la machine, et amener de nouvelles questions.

À l'inverse, une histoire sans grand intérêt sera celle qui veut mettre les choses bien en place, expliquer qui est qui et qui fait quoi avant de commencer l'action. Dans ce cas, le lecteur a déjà souvent en germe toutes les réponses aux interrogations que pourrait poser l'action. Plus de suspense, donc, et plus d'intérêt à suivre l'histoire.

Imaginez que je vous présente un couple, que je vous explique qu'ils se disputent tout le temps, que je vous fasse part de leur vie intime, leurs nuits durant lesquelles ils s'ignorent l'un l'autre, etc. Puis arrive l'action : la femme est au lit avec un autre homme quand son mari rentre ! Aucune surprise pour vous. Vous vous y attendiez. Quant à la suite, elle ne peut pas vraiment vous intéresser puisque vous connaissez déjà le contexte, les tenants et les aboutissants de la situation !

À l'inverse, si je commence par un mari joyeux qui rentre chez lui en lançant un « chérie » ou un « Magalie », puis découvre un appartement vide, puis ouvre la chambre et découvre un homme dans son lit avec sa femme… Là (et même si la scène a un goût de « déjà-vu »), vous vous posez des questions. Qui est ce couple ? Comment en sont-ils arrivés là ? Il y a automatiquement suspense. Au passage, on a installé un certain nombre de choses sans avoir besoin de scène véritablement explicative ou de « mise en place ». Vous avez compris que l'homme et Magalie sont mariés ou officiellement ensemble et que ce couple a visiblement un problème ! Nul besoin de scènes de dispute ou de dialogues explicatifs et ennuyeux pour saisir la situation. L'action crée le suspense et vous donne en même temps le minimum d'explication nécessaire à la poursuite de l'histoire.

Commencez vos récits comme vos chapitres ou vos scènes, par de l'action

Commencez donc si possible par une scène d'action. Cela plonge le lecteur directement dans l'histoire. Il est bousculé ; il n'a pas le temps de réfléchir car les événements arrivent les uns après les autres. Il se trouve « emporté » par le courant de l'histoire et ne peut plus rien faire ! Ça y est, il est « ferré ». Et c'est ce qu'il veut ! Si vous lui laissez le temps de réfléchir, soupeser les choses, imaginer où vous voulez en venir, c'est foutu ! Il n'est emporté nulle part et reste bien sagement assis dans son fauteuil. Et l'histoire est tellement ennuyeuse qu'il a le temps de se demander si son fauteuil est bien confortable ou s'il a mal aux fesses ; ou encore s'il a soif et s'il ne devrait pas se lever pour se servir un petit verre… C'est foutu, je vous dis. Il ne « s'oublie pas » dans l'histoire, il ne s'est pas fait prendre à votre piège.

Apprécions les premières lignes de *Cantique de la racaille* de Vincent Ravalec (Flammarion, 1994):

> « C'était un canon et elle avait seize ans, je l'avais prise en stop à la sortie de Veules-les-Roses, on avait continué ensemble et maintenant, quinze jours plus tard, dans une chambre du Grand Hôtel de Cabourg, je lui annonçais que j'avais des tracas. Des tracas d'ordre financier j'avais précisé.
>
> Elle avait pris le temps de réajuster son oreiller, j'étais un peu gêné, ce n'était pas à ça qu'elle s'attendait.
>
> – Mais alors, tout ce que tu m'as raconté, sur la mort de ton père et ses affaires, c'est rien que des conneries?
>
> Elle en avait de bonnes, qu'est-ce qu'il aurait fallu que je lui dise? La vérité?
>
> – T'inquiète pas, je l'avais rassurée, du pognon j'en ai toujours eu, il n'y a pas de raison que ça s'arrête d'un coup.
>
> Et je le pensais vraiment. On a filé de l'hôtel en douce et j'avais remis le cap sur Paris. »

Voilà. Nous sommes en pleine discussion dans une chambre d'hôtel. On ne connaît pas encore les personnages. On ignore ce qu'il a lui raconté. D'elle, on ne connaît que son âge et le fait qu'elle soit canon. Mais on devine déjà que lui n'est pas clair, qu'elle est sur l'expectative et que nous avons bien envie, après seulement un peu plus d'une dizaine de lignes, d'en savoir plus sur les questions qui nous brûlent les lèvres. Nous sommes ferrés!

Toujours, privilégiez l'action !

Donc, règle incontournable: de l'action, toujours de l'action, encore de l'action. Et soyez malin, si vous avez l'obligation de passer, au bout d'un moment, par une petite scène explicative ou descriptive, arrangez-vous pour en dire le strict minimum (ne prenez pas votre lecteur pour un crétin, il comprend plus vite que vous où vous voulez en venir!) et coupez la scène par une action « imprévue » qui surgit en pleine discussion.

Le cinéaste Brian De Palma fait cela avec un talent magistral dans *The Fury*.

———⌘———

Le père du personnage principal et son fils s'assoient à une table au bord de la mer. Le père veut avoir une discussion avec son fils. Au moment même où la discussion va être intéressante et nous dévoiler des choses, un zodiac arrive du large, rempli de types cagoulés qui brandissent des mitrailleuses et canardent toute la terrasse. Le fils assiste à la mort de son père (qui en fait va survivre de peu à cet attentat, comme on le saura par la suite) et tente de s'enfuir. Le spectateur en sait juste assez pour se dire qu'il a raté quelque chose et, de plus, l'action à laquelle il vient d'assister lui fait se poser de nouvelles questions : mais qui sont ces types qui sortent de nulle part et tirent sur tout ce qui bouge ? Est-ce que le fils va réussir à s'enfuir ? Le père est-il vraiment mort ? Le suspense est à son comble. Ça y est, vous êtes accro à cette histoire !

Vous le voyez. L'action génère du suspense, suggère de nouvelles situations. Mais en plus, elle permet, à tout moment, de « couper » un déroulement et de relancer le suspense !

Faites une expérience : décrivez en quelques lignes une action quelconque. N'importe laquelle. Par exemple : «La voiture commençait à trembler avec la vitesse. Il faisait presque noir. Je n'ai pas bien vu le virage. Je ne me rappelle rien. Juste le visage de ce gosse quand la voiture a quitté la route» ou : «Et zut ! Où j'ai mis cette putain de cravate. En plus j'en ai qu'une. Et je ne peux pas aller à ce rendez-vous sans cravate. Et évidemment je suis en retard. Et en plus j'ai une de ces envies de pisser !» Bref, une situation qui vous passe par la tête. Ensuite, essayez de déterminer toutes les questions que cette situation laisse en suspens. Qui est le personnage ? Pourquoi cela lui arrive-t-il ? Que va-t-il se passer ensuite ? Vous verrez que chaque situation prise «dans l'action» peut générer une fiction à elle seule. C'est d'ailleurs l'une des manières d'inventer une fiction. Partir d'une action et construire les éléments fictionnels qui pourront répondre aux questions que «pose» l'action.

Nous avons fait le tour des principaux outils qui vont servir de moteur à notre fiction. Il ne nous reste plus qu'à… trouver une bonne histoire !

Chapitre 5

Construire son histoire, sa structure, son traitement

Trouver et développer une idée

Si vous avez un thème, une piste, vous pouvez commencer, sinon, il vous faut chercher une idée d'histoire. Il y a des méthodes de recherche efficaces. Par exemple, définir des personnages qui vous intéressent et imaginer des situations qui leur conviendraient. Nous verrons au chapitre 11, concernant les techniques de créativité en écriture, comment imaginer et développer des personnages et des situations associées. Mais on peut déjà effleurer le sujet en dévoilant un peu de ces techniques. Pour fonctionner, l'imagination a besoin de supports extérieurs. C'est ce qu'on appelle les « techniques de projection ». Cela ressemble un peu à une recette de cuisine que l'on réalise à partir de ce que l'on a sous la main, mais souvent, les grandes idées se trouvent en récupérant et mélangeant des « morceaux d'idées » glanés çà et là. N'en ayez pas peur et rappelez-vous que seul celui qui part à l'aventure est sûr de trouver une terre inconnue. Vous devez vous laisser aller. Faire un peu comme lorsque vous vous promenez sans but et que votre regard se porte par hasard sur les choses. Vous pouvez chercher des pistes dans vos souvenirs ou imaginer des « morceaux de vie » à partir de personnages rencontrés dans la rue, entrevus à une terrasse de café, à partir d'une bribe de conversation entendue. Vous pouvez aussi vous servir de photos comme support à votre imagination.

> Petit exercice de cuisine créative : à partir de vos souvenirs ou de photographies glanées par exemple dans un magazine, vous pouvez laisser aller votre imagination à définir des personnages et des situations. Peu importe lesquels : des policiers coursent une jeune femme dans la ville. Un accident sur l'autoroute. Un couple qui se dispute… Puis combinez ces situations entre elles en inventant ce qui manque pour qu'elles puissent s'agencer ensemble. Créez ainsi plusieurs personnages avec leurs situations associées. Commencez à succinctement développer ces morceaux fictionnels et écrivez-les en deux ou trois lignes, sans style ni art littéraire, non, juste de manière factuelle pour fixer les choses. Étalez vos textes devant vous et relisez-vous en piochant au hasard (pour ce faire, il vous faut une version « papier » de vos écrits car l'ordinateur ne permet pas d'avoir toutes ses fiches devant les yeux). Vous allez repérer les pistes, les bouts de choses qui vous intéressent et qui peuvent être le départ d'une histoire.

Ces différentes techniques d'association d'idées vous permettent de créer des éléments fictionnels en dehors de toutes contraintes et obligations. Créez le plus possible de ces « bouts de fiction ». Et, surtout, ne cherchez pas à ce stade à les développer. Tous ces morceaux vont servir de base à la construction de l'histoire. Ils vont vous permettre d'imaginer plusieurs « combinaisons » fictionnelles possibles, un peu comme un « mécano ». Et jusqu'à ce que vous ayez trouvé une bonne piste d'histoire. Une piste que vous avez envie de suivre et de développer.

Notons que chaque élément de votre fiction n'a pas à être forcément inédit en soi. Mais c'est le mélange que vous allez faire avec tous ces ingrédients qui va être original ! C'est ça qui fera de votre histoire une histoire particulière.

Le choix des thèmes

Choisir un thème, un contexte est souvent le premier pas avant d'imaginer une fiction.

Évitez si possible les thèmes purement sociaux ou « sociétaux », surtout ceux qui vous tiennent à cœur. Oui, je sais, ce conseil semble aller contre toute logique. Mais je le redis encore, la fiction n'est pas idéalement taillée pour s'exprimer sur des sujets politiques ou de société. La fiction est faite pour explorer l'âme humaine.

Vous ne serez jamais libre si vous vous emparez d'un sujet sur lequel vous avez déjà un avis. Vous serez toujours tenté de torturer votre histoire ou de manipuler vos personnages pour qu'ils se plient à votre avis.

En fait, le mieux est de s'inspirer de l'esprit de la tragédie grecque : bien que presque entièrement fondée sur les mythes, toute la dramaturgie des œuvres de l'Antiquité tourne autour de la vie et de l'âme humaine. En effet, c'est à travers des personnages à la psychologie souvent archétypale que se déroulent les tragédies. Les « héros » y sont confrontés à tous les « défis » humains : l'amour, la passion, la haine, la fidélité ou la trahison, le courage ou la lâcheté, l'audace ou la peur, l'éloignement, la promiscuité, le combat entre le désir et la raison, etc.

Les grands mythes ne sont jamais que des archétypes de situations ou d'aventures humaines. Toutes les quêtes humaines s'y retrouvent. Toutes les qualités et les défauts humains y sont utilisés comme ressorts de la fiction.

Je ne prendrai qu'un exemple, le mythe de Pygmalion, ce roi sculpteur qui ne trouvait aucune femme à son goût et sculpta sa femme idéale qui, avec l'aide d'Aphrodite, de sculpture de pierre, devint femme de chair et de sang. À partir de ce mythe, des milliers d'histoires ont été créées pour la littérature, le théâtre ou le cinéma. *Elle s'appelle Ruby* de Jonathan Dayton et Valerie Faris, sorti en 2012, est un des derniers films en date qui revisitent ce mythe : un écrivain en mal d'inspiration décide d'écrire un roman sur sa femme idéale… lorsque celle-ci se matérialise chez lui en chair et en os.

Pour résumer, les thèmes de fiction doivent relever, au moins pour une part, de la psychologie et de l'âme humaine. Vous pouvez tout à fait situer votre fiction dans un contexte sociétal ou même politique fort. Mais la dramaturgie de votre fiction doit aussi relever de l'aventure humaine et de ses grands thèmes.

C'est ce que fait par exemple Jacques Demy dans *Une chambre en ville*, film qui se déroule lors de la grève des chantiers navals de Nantes en 1955, mais qui traite surtout d'une passion brûlante et impossible entre François, ouvrier des chantiers en grève, et Édith, fille d'aristocrate mal mariée à un bourgeois.

Le film développe le thème de l'amour impossible entre deux êtres que séparent leurs milieux respectifs, engagés dans un affrontement.

Le point de vue

Vous avez votre « piste » d'histoire avec quelques éléments de narration qui structurent votre idée. Vous avez une idée des personnages principaux. Bref, vous tenez un petit « canevas » fictionnel qui peut se développer en une histoire qui vous semble « tenir la route ».

Il va maintenant falloir que vous déterminiez pourquoi vous allez raconter cette histoire, quelle est la raison qui la justifie à vos yeux. Cela déterminera votre angle d'attaque, l'axe qui orientera l'histoire. C'est le point de vue de l'auteur. Et comme la géométrie est toujours très proche de la pensée spéculative, en donnant une orientation, une direction, un point de vue à votre histoire, vous lui donnez aussi un sens.

Car une histoire comporte plusieurs dimensions : des personnages principaux, une structure narrative et une intention, un point de vue. C'est l'axe, la direction que vous donnez à votre histoire. Ce point de vue peut relever d'une problématique d'ordre social, psychologique, historique, philosophique ou spirituel que vous souhaitez mettre en valeur. C'est lui qui donne un sens à l'histoire, la justifie. Cette « justification » n'est pas forcément « profonde », elle peut être aussi «amusante» : vous pouvez par exemple choisir de vous moquer des gens qui se prennent au sérieux, ou critiquer les bobos, ou vous amuser de toutes les petites histoires de couples qui se racontent au bureau ou au supermarché…

Attention, ce point de vue, cette intention d'auteur ne doit pas nécessairement être «visible» par le lecteur. Mais il doit découler de l'histoire. Pour vous, écrivain, il doit devenir la référence au cours de votre écriture. Lorsque vous aurez des choix à faire dans la construction de votre histoire, vous tiendrez compte de la raison pour laquelle vous racontez cette histoire, du point de vue que vous vous êtes donné.

La Huitième Case (*The Eighth Square*), roman d'Herbert Lieberman, est l'histoire d'un groupe de jeunes gens qui se perdent dans une forêt suite à la soudaine folie de leur guide (un arpenteur). Mais l'axe de ce récit, le point de vue choisi par l'auteur, est aussi une critique acerbe de la bourgeoisie terrienne, de son égocentrisme et de sa violence cachée.

C'est là qu'est la véritable raison pour laquelle a sans doute été écrit ce livre. Sans cet «angle d'attaque», cette histoire nous apparaîtrait comme «gratuite» ou sans direction. Sans raison apparente, pourquoi raconter une histoire de jeunes gens qui se perdent dans la forêt plutôt que n'importe quoi d'autre ?

Sans raison, tout est possible, donc rien n'a de valeur. Sans intention, l'histoire n'aurait pas de direction et se perdrait dans ses propres circonvolutions…

Le genre

À ces dimensions essentielles de la fiction que sont les personnages principaux, la structure narrative et le point de vue, peut s'ajouter une autre dimension importante mais pas aussi essentielle que les précédentes : un style ou un genre.

Vous pouvez écrire une comédie, un drame, un policier, une histoire romantique, fantastique, etc., mais ce n'est pas obligatoire. Ou plutôt vous pouvez jouer comme vous l'entendez avec les genres.

Par exemple relever un peu du genre policier, ou un tout petit peu du genre fantastique. Vous pouvez aussi mélanger les genres : comédie dramatique, policier social ou « romantico-fantastique »… Il est à noter que certaines œuvres que nous qualifierons de « grande consommation », ou bien d'« œuvres de plage » comme on dit, ont pour seul axe, seul point de vue, le genre auquel elles appartiennent. Du coup, l'effet « genre » est exacerbé. Il y a des polars par exemple dont le seul intérêt réside dans la force du suspense policier. Ou des comédies qui ne se racontent que pour faire rire. Il ne faut pas mésestimer ces œuvres, il faut les juger pour ce qu'elles sont : une bonne façon de passer du temps dans la douce oisiveté de certains moments de la vie. Elles ne vont pas plus loin que le suspense, le rire ou l'horreur. Elles sont écrites pour ça.

Les différents genres littéraires

Le genre littéraire est, le plus souvent, défini par le contexte ou l'intention générale de l'histoire.

- La **comédie** est définie par son intention. Il s'agit de faire rire du sujet traité, quel que soit ce sujet.
- Le **drame** définit à la fois toute construction fictionnelle et ce qui relève de la gravité, du tragique, mettant en jeu des conflits ou des oppositions.
- La **comédie dramatique** traite d'un sujet dramatique sous forme de comédie, ou du moins avec une légèreté qui empêche le drame de sombrer dans le pathos. Une façon de traiter le drame avec optimisme en quelque sorte.

Le genre peut aussi définir le rapport de l'auteur à la fiction.

- L'**autobiographie** est l'histoire de l'auteur. L'**autofiction** est une mise en scène de l'auteur, proche ou non de son autobiographie.
- Le **policier** concerne les histoires de crimes et délits qui se déroulent dans le cadre d'enquêtes policières. En général, le héros est un flic qui doit trouver le coupable et comprendre « ce qu'il s'est passé ».

- Le **roman noir** est une « extension » du domaine du policier. Il reprend le contexte du crime ou du délit, mais sans toujours la présence de policiers. Ou, s'il y a policier, ce dernier n'est plus le ou l'un des personnages principaux.
- Le **thriller** est lui aussi un « sous-groupe » du roman policier ou du roman noir. On sait que dans cette catégorie littéraire, l'accent sera mis sur le suspense. Le contexte fictionnel du thriller est proche de celui du roman policier ou du roman noir. Il peut aussi relever du fantastique lorsque celui-ci reste crédible, en clair lorsqu'on n'est pas totalement dans la science-fiction, qui, elle, se situe dans des mondes parfois très éloignés du nôtre, sur d'autres planètes, voire d'autres galaxies.

Il y a bien sûr bien d'autres genres littéraires, cinématographiques ou théâtraux. L'anticipation, le roman épistolaire, l'épopée, le roman ou le film d'aventures, la fiction historique ou « exotique », la fantaisie, le pastiche, la satire, l'espionnage, le *space opera*, le fantastique, l'horreur, le témoignage, le roman d'amour, etc.

Chaque époque a créé ses propres genres littéraires, phénomènes « catégoriels » mais aussi de mode.

Le genre est un moyen de répondre aux attentes du public. D'indiquer, de manière plus sûre qu'un titre, à quoi peut s'attendre le lecteur ou le spectateur lorsqu'il va voir un film ou une pièce ou lorsqu'il va ouvrir un livre. C'est un premier échange de complicité avec le lecteur. Une manière de partager une envie ou un désir avec lui avant même qu'il ne lise une seule ligne.

Mais le choix d'un genre peut rester « discret ». Une œuvre peut suivre les contraintes d'un genre, sans afficher ce choix… Pour peu que l'éditeur suive ce choix d'auteur et ne sorte pas le livre dans une collection thématique qui indique tout de suite le genre dans lequel se place la fiction !

Le genre représente aussi un ensemble de contraintes, un cadre et des « passages obligés » que doit respecter l'auteur, s'il fait le choix d'un genre. Ces contraintes sont certes assez libres, mais elles existent tout de même. Une comédie doit faire rire. Un thriller ou un film d'horreur, faire peur. Un roman de SF doit se dérouler dans un monde qui n'est pas le nôtre, et le roman historique, respecter ou évoquer des événements historiques.

Contrairement à ce qu'il peut apparaître de prime abord, se donner des contraintes peut être stimulant pour l'imagination et la créativité. Les contraintes deviennent comme des objectifs auxquels il faut parvenir. Elles permettent aussi de développer l'art fictionnel au-delà de sa propre personnalité. En s'obligeant à écrire selon des « genres », on s'oblige à aborder toutes les sortes d'histoires, tous les styles d'écriture.

L'histoire, enfin !

Ouf. Vous avez votre idée d'histoire. Vous avez une première bible de vos personnages, en tout cas, les principaux. Vous avez réfléchi à un « point de vue » qui vous convient, un angle d'attaque pour aborder votre fiction. On peut y aller ? Hum… Pas tout à fait.

Avant de commencer à définir les différentes séquences de la fiction, puis de construire la structure narrative, entendons-nous bien sur les mots. En effet, j'ai remarqué, dans différents ouvrages ou dans ma vie professionnelle, que certains emploient les mêmes mots, parfois pour désigner des choses un peu différentes. De même, le sens des termes peut changer selon les types d'écriture. Un « traitement » n'est souvent pas la même chose pour un scénariste ou un romancier par exemple. Décidons donc, ensemble, de notre petit lexique :

- La trame : c'est la description de l'histoire de manière générale, expliquée en quelques lignes ou en une ou deux pages, maximum. Le thème de l'histoire, les personnages principaux et les plus grands événements.

- Le déroulé : c'est l'enchaînement chronologique des « événements », des séquences, qui fondent l'histoire. Il doit suivre la dramaturgie de l'histoire. Chaque séquence y est explicitée en quelques lignes : ce qu'il s'y passe, les principaux protagonistes qui y participent,

72

ce qui en découle. Le déroulé est un document de travail, c'est le « mode d'emploi » de l'histoire.

- La structure : il s'agit là de la structure narrative de l'histoire. C'est-à-dire l'agencement des scènes qui sera celui du traitement final. La structure n'est plus forcément chronologique. Elle tient compte du suspense et des différents choix narratifs (histoires racontées en parallèle, teaser de début, cassures de narration, arrivée de nouveaux personnages, etc.).
- Le traitement : c'est le rendu final : le roman, la pièce de théâtre ou le scénario. C'est la structure qui sert de plan au traitement.

La dramaturgie

Nous avons parlé des nécessaires « oppositions » entre les personnages et les situations. Des « confrontations » entre ces différents opposés qui créent des « enjeux » de fiction. Avant de commencer à construire une histoire, il est bon de rappeler les différentes phases dramaturgiques que devra comporter la fiction. Cela relève même du bon sens. L'opposition crée une confrontation qui doit être « résolue » par les personnages. La plupart des ouvrages sur l'art dramatique présentent les choses plus ou moins de la même façon :

- mise en place et présentation de l'enjeu ;
- développement de la situation et conflit ;
- crise ;
- apogée de la crise ou point culminant ou *climax* pour les Anglo-Saxons ;
- résolution et fin.

Certains ajoutent un moment de « présentation des personnages », mais cela n'est en fait pas nécessaire. On peut effectivement se passer d'une présentation des personnages et les faire exister directement dans l'action. C'est un choix que prennent de plus en plus les auteurs « modernes ».

Certains ouvrages présentent ces phases comme la « structure » de la fiction. C'est imprécis. Car il y a deux structures bien distinctes : la structure dramatique et la structure narrative.

Structure dramatique et structure narrative

Il faut faire la distinction entre la structure dramatique d'une fiction, c'est-à-dire les différentes phases dramatiques qui fondent l'histoire, telles qu'on vient de les lister plus haut ; et la structure narrative de la fiction qui est la présentation que vous allez faire des événements.

Comme nous le verrons plus loin, concernant la structure narrative de l'histoire, vous allez peut-être commencer votre histoire par le milieu, en pleine phase de développement, ou par la fin, en phase de résolution, ou par une partie du *climax*, mot anglais qui désigne le moment le plus important de l'histoire, son apogée, là où tout va basculer d'un côté ou de l'autre.

De même, dans la structure narrative, vous n'allez pas tout « expliquer » au lecteur ou au spectateur lors des différentes séquences abordées. Vous allez même parfois lui cacher sciemment des choses. Pour ménager le suspense et lui donner envie de continuer l'histoire. Assez couramment, la structure narrative met en valeur l'action sans donner toutes les raisons de cette action. Ce seront d'autres « actions » qui pourront peu à peu éclairer le lecteur ou le spectateur dans la compréhension du fond de l'histoire.

Prenons une structure dramatique classique : « Un couple se marie mais, très vite, rien ne va plus entre eux. Ils veulent se séparer mais les deux familles s'y opposent. Leurs relations deviennent un enfer. Pour sortir de cet enfer l'homme songe au meurtre… » Ça, c'est la structure dramatique qui répond bien aux différentes phases de mise en place et présentation du problème, développement et crise, apogée et résolution par le meurtre ou l'aveu ou la folie – comme vous voudrez. À partir de cette structure dramatique, vous allez construire une architecture narrative qui va reprendre bien sûr les différentes phases dramatiques de l'histoire, mais pas forcément dans cet ordre ! Vous pouvez par exemple commencer par le début du meurtre – l'homme qui prépare son forfait à l'insu de sa femme – puis reprendre l'histoire au début, à la fête de mariage par exemple durant laquelle le couple semble si amoureux. Ainsi, vous créez chez le lecteur ou le spectateur l'envie de savoir comment cet homme, si amoureux au moment de son mariage, en est venu à vouloir tuer sa femme. Et s'il va réussir son crime ou non. Vous pouvez

74

aussi commencer par la fin : l'homme est emprisonné pour meurtre (on ne sait pas que sa femme est sa victime), puis on revient à leur vie de couple difficile, aux pressions de la famille…

Bref, vous le voyez, si la structure dramatique doit bien suivre différentes phases, la structure narrative, elle, est libre de présenter de la façon qui lui convient la dramaturgie de l'histoire.

Prenez l'histoire d'un film que vous venez de voir ou d'un roman que vous venez de lire. Définissez la structure dramatique de l'histoire, soit les différentes phases de l'histoire qui déterminent son «enjeu». Puis définissez la structure narrative de l'histoire telle que l'a écrite l'auteur. Imaginez ensuite une autre structure narrative pour raconter cette même histoire.

Dans *Les Charmes discrets de la vie conjugale*, Douglas Kennedy scinde son roman en deux parties. Une première dans les années 1970 et une seconde trente ans après.

La première partie est une histoire en soi. Hannah s'est enfermée dans le train-train d'une vie conjugale avec son jeune mari médecin, dans une petite ville perdue des États-Unis. Alors que son mari est parti quelques jours de la maison, sonne par hasard à sa porte un ancien élève de son père – un professeur d'université très impliqué dans les mouvements politiques de gauche. Le jeune homme est devenu l'un des leaders de l'extrême gauche américaine. Il est séduisant, ses discours sont enflammés, la vie semble lui ouvrir les portes de l'aventure. Il convainc Hannah qu'elle mérite mieux que la petite vie étriquée qui est la sienne. Ils ont une liaison amoureuse et elle songe à refaire sa vie avec lui. Mais survient un coup de théâtre : elle découvre que l'homme n'est pas venu chez elle par hasard, mais sur les conseils du père d'Hannah. Il est recherché par la police pour son implication dans un meurtre politique. La maison d'Hannah, proche de la frontière canadienne, est une planque idéale. Bientôt, il l'oblige à lui faire passer la frontière en la menaçant sinon de la dénoncer comme complice. Elle obtempère.

Les années passent et elle essaie d'oublier cet épisode de sa vie. Cette première partie recèle tous les ingrédients nécessaires à la fiction. Deux personnages à la personnalité opposés. Avec deux logiques qui vont se confronter : celle du jeune leader qui a besoin d'échapper à la police et

75

celle d'Hannah qui veut sortir de sa vie trop étriquée. Le développement se réalise au travers d'une histoire d'amour qui ne peut pas bien finir. La crise est là lorsque le jeune homme révèle sa situation et l'implication du père d'Hannah dans cette histoire. Le point culminant est le passage de la frontière. La résolution, l'oubli. Le retour pour Hannah à sa vie d'origine. La disparition du jeune homme.

La structure narrative choisie par Douglas Kennedy ne nous dévoile bien sûr pas les tenants et les aboutissants des choses au moment de leur narration. Il ne nous fait évidemment pas part du point de vue du jeune homme et des vraies raisons de sa venue chez Hannah. Sinon, il n'y aurait aucun suspense ! Pour que le suspense puisse avoir lieu, Douglas Kennedy a choisi de ne raconter que la vision d'Hannah. À chaque phase de l'histoire, on ne sait de lui que ce qu'elle voit de lui. On croit avec elle à un amour possible et on est horrifié avec elle lorsqu'elle découvre la vérité sur les motivations du jeune homme.

Comment concevoir la trame de son histoire

La trame est une sorte de résumé de l'histoire qui en indique l'enjeu principal et la situe. Cela peut ressembler au pitch d'un film ou au résumé d'un roman. On a le thème, ce qu'il va se passer dans les grandes lignes et le contexte. L'idéal est que la trame indique de manière succincte le principe dramatique de l'histoire. Les oppositions et les confrontations qui vont se mettre en place, le développement et la crise qui va survenir, et enfin, une indication sur la résolution de cette histoire. Si possible, la trame donne également une indication concernant le point de vue du narrateur.

Attention, la trame ne peut pas se réduire au seul thème de votre histoire. Ça ne peut pas être « une histoire de jalousie amoureuse dans la France du XXe siècle ». C'est trop imprécis. Il faut que les éléments fournis dans la trame soient assez précis pour dessiner les contours d'une histoire particulière.

Ce résumé du roman d'Herbert Lieberman *Le Huitième Cas* est un assez bon exemple de ce que pourrait être la trame du roman.

Dans un grand domaine foncier aux frontières indistinctes de la Nouvelle-Angleterre, une petite expédition est organisée avec l'arpenteur Roger et neuf autres personnes, parmi lesquelles le nouveau propriétaire du domaine. L'objet de l'expédition est de montrer au nouveau propriétaire, accompagné de voisins et d'amis, les limites de sa propriété. Mais Roger, l'arpenteur, qui est le seul à pouvoir trouver son chemin dans cette forêt, est pris d'un malaise et perd ses esprits. La petite troupe se retrouve égarée et chacun défend sa façon de voir les choses pour se sortir de ce pétrin. Très vite les rapports tournent à l'aigre et de vieilles plaies se rouvrent. Une longue errance à travers les bois commence. Durant cette errance, la tension ne cessera d'augmenter au sein du groupe et les personnalités de chacun vont révéler leur vraie nature. Retrouveront-ils jamais le chemin du retour ?

En quelques lignes, on « voit » l'histoire. On a l'enjeu de la fiction ainsi qu'un résumé de sa construction dramatique. Il ne nous manque plus que quelques indications sur les personnages principaux et évidemment… le choix de la fin, que je ne vous révélerai pas pour ceux qui n'auraient pas encore lu ce roman magnifique !

Comment concevoir le déroulé de l'histoire

Il s'agit de l'enchaînement chronologique des scènes qui vont composer l'histoire et qui doivent suivre la structure dramatique.

La description de chaque scène doit être très succincte et doit présenter les personnages en présence, le début, ce qu'il se passe et la fin. Par exemple :

« L'homme et la femme sont assis dans le salon, enfermés dans un silence gêné. Ils s'engueulent tout à coup à propos d'un vase que l'homme a renversé. Les choses s'enveniment, il se lève, la gifle et s'en va en claquant violemment la porte. Elle pleure, abasourdie de ce qu'il vient d'arriver. »

Le déroulé est censé contenir l'ensemble des scènes de l'histoire. En fait, il faut retenir toutes celles qui vont « compter » dans la dramaturgie de la fiction. Vous pourrez toujours, par la suite, rajouter des scènes qui vous sembleront manquer ou en supprimer certaines qui deviendront inutiles.

Pour passer de la trame au déroulé, l'idéal, là encore, est de partager son temps entre phases de créativité et phases de construction.

Il est parfois difficile de commencer le descriptif des différentes scènes sans développer un peu plus les personnages, les voir « bouger ». Vous avez peut-être besoin de mieux appréhender ces personnages tout neufs, de les faire « vivre un peu » avant de vous lancer.

N'hésitez pas, avant de commencer le déroulé, à écrire une ou deux scènes qui vous tiennent à cœur. Pas forcément en entier. Juste pour vous « faire la main » et vous faire plaisir. On travaille mieux dans le plaisir que dans l'ennui ! N'hésitez pas non plus à commencer à « dialoguer ». Cela vous permettra de mieux cerner les personnages. Soyez libre et dans « l'envie de raconter », lors de cette première écriture. Vous allez voir que ce premier jet va vous permettre de mettre en place bien des choses : de préciser vos différents contextes narratifs, de trouver les bons rapports entre les personnages, de décider les décors qui conviennent le mieux. Vous serez ainsi plus à l'aise avec les personnages et l'histoire.

De même, ne commencez pas votre déroulé par l'ensemble des scènes qui doivent le composer. Décrivez plutôt les scènes principales, celles auxquelles vous avez tout de suite pensé. Une fois ce premier jet réalisé, regardez les scènes qui manquent et décrivez-les. Ainsi de suite, jusqu'à ce que vous soyez satisfait.

Partez d'une trame fictionnelle simple et exprimée en deux ou trois lignes. Par exemple : un avocat défend un client qu'il croit innocent, lorsqu'il découvre que ce dernier est coupable. Ou : un couple de jeunes gens prometteurs se marie dans l'amour et la jeunesse. Elle, évolue en restant fidèle à ses principes d'honnêteté et d'entraide, tandis que lui, devient un véritable salaud… Sur cette base, commencez à imaginer les premières scènes qui découlent directement de la trame choisie. Puis imaginez les scènes qui manquent ou qui sont suggérées par les premières. Regardez les différentes possibilités qui s'offrent à vous pour résoudre les problèmes de dramaturgie qui apparaissent. C'est le moment de recourir à des phases de créativité au cours desquelles vous devez laisser votre esprit explorer toutes les pistes possibles ! Tentez de finaliser un premier déroulé qui se tienne. Vous avez une première ébauche d'histoire !

Il vous faut aussi respecter les règles de la dramaturgie nécessaires à votre fiction en repérant les différentes phases de présentation des enjeux : développements, conflits, crises, résolutions et fin.

Vous l'avez compris, ce travail de construction est un chemin passionnant, mais délicat. Vous devez sans cesse alterner les phases d'imagination et celles de structuration. Vous avez maintenant une suite de séquences, le déroulé chronologique de l'histoire. Complétez et améliorez ce premier descriptif. Précisez les personnages secondaires qui apparaissent. Ils vont sans doute enrichir l'histoire et peut-être fournir des solutions possibles aux questions qui restent encore en suspens.

Vous avez maintenant un premier déroulé qui vous semble presque complet. En tout cas, il a l'allure de l'histoire que vous vouliez raconter. Et il semble bien « fonctionner ». Parfait. Et maintenant, comme on dit en cuisine, laissez un peu reposer. Car vous allez vous atteler à un tout autre travail : la structure narrative.

Structure narrative et traitement

Le déroulé chronologique de l'histoire n'est pas forcément l'histoire ! Même s'il comporte les différentes phases dramatiques qui en font bel et bien une fiction, vous n'allez pas forcément raconter dans cet ordre. Le déroulé de l'histoire est son « mode d'emploi » complet. C'est votre histoire en kit.

Vous avez tous les éléments : la bible des personnages, les différentes phases de votre fiction, les scènes principales qui correspondent aux différentes phases dramatiques de votre histoire. Il faut maintenant choisir comment les « assembler » et comment ménager le suspense.

Car là est le nerf de la guerre. Le suspense ! Bien des histoires, si on les racontait dans leur ordre chronologique, ne seraient pas vraiment intéressantes car, dès le début, nous connaîtrions le pourquoi du comment des choses ! C'est pourquoi l'auteur de fiction doit mener sa narration de sorte que le lecteur ou le spectateur se demande en permanence ce qu'il va bien pouvoir se passer, ou pourquoi tel ou tel personnage agit ainsi. Ses outils relèvent :

- de la structure narrative qu'il va choisir ;
- des ellipses qu'il va ménager pour ne pas dire certaines choses ;
- du fait de raconter telle ou telle séquence du côté de tel ou tel personnage qui n'a pas forcément toutes les informations concernant les différents événements qu'il va vivre (par exemple, une future victime ne sait pas que la personne qui semble l'apprécier prépare en fait secrètement son assassinat).

Reprenons *The Fury* de Brian De Palma. On pourrait résumer linéairement l'histoire ainsi :

Les services secrets américains s'intéressent aux pouvoirs paranormaux de jeunes enfants, dont Robin Sandza. Ils s'emparent du garçon en essayant de supprimer son père qui pourrait s'opposer à leurs plans. Le père échappe à la mort et fait tout pour retrouver son fils. Parallèlement, la personnalité incontrôlable du jeune garçon va provoquer drames et horreurs.

Voilà le « déroulé » à peu près chronologique de l'histoire (en résumé ici bien sûr). Dans ce déroulé, on explique, en amont, la position des services secrets et donc les raisons qui vont les pousser à agir. Mais si l'auteur faisait part dès le début au lecteur ou au spectateur des intentions des services secrets américains et de la nature des pouvoirs de Robin, cette histoire ne serait pas franchement passionnante. De fait, la structure narrative qu'a choisie Brian De Palma ne suit pas ce schéma linéaire qui ne laisse pas beaucoup de place au suspense. Il nous plonge directement dans l'action sans en expliquer les tenants et les aboutissants. Sa structure narrative est à peu près la suivante :

Le père de Robin et son fils s'installent à une table de restaurant, au bord de la mer, en plein été. Au même moment, un commando de terroristes arabes (ils portent la *ghotra*) arrive en zodiac et ouvre le feu sur la foule. Le père de Robin est laissé pour mort tandis que le fils échappe à la fusillade grâce à un « ami ». Les services secrets américains « récupèrent » Robin et promettent de lutter contre les responsables de l'attentat. Témoin de certaines discussions au sein des services secrets, le spectateur comprend peu à peu que l'attentat du bord de la mer n'était qu'une mise en scène de ces services pour s'emparer de Robin. Parallèlement, il s'avère que le père de Robin a échappé de justesse à la mort. Il veut bien sûr retrouver son fils. Pour ce faire, il utilise les pouvoirs paranormaux d'une jeune fille qui est en « relation » de transmission de pensée avec Robin, mais chaque «contact» qu'elle a avec lui la fait atrocement souffrir et la fait saigner. À chaque fois, elle est contrainte de «couper» le contact pour ne pas succomber. Le père de Robin est persuadé que cela indique que son fils est l'objet de traitements inhumains. Il est loin de s'imaginer que le tortionnaire n'est autre que son fils Robin qui va aller jusqu'au meurtre.

Avec cette structure narrative, l'histoire donne toute sa place au suspense et à l'action. Elle commence par une fusillade, à laquelle le spectateur ne comprend rien. Le spectateur est sans cesse ballotté entre le vrai et le faux. Plusieurs suspenses se superposent. Les plans et les manipulations des services secrets. La quête du père. Les rapports paranormaux entre la jeune fille et Robin. La vraie nature de Robin.

Durant tout le film ou presque, le spectateur voit Robin comme une victime et il est loin de pouvoir se douter de la scène finale dans laquelle va se révéler toute l'horreur de la personnalité du jeune garçon !

La structure narrative «est» l'histoire finale

Ainsi, dans tous les cas, c'est la structure narrative qui donne tout son intérêt et son suspense à l'histoire. C'est elle qui «ménage ses effets» pour rendre passionnante la fiction.

La structure narrative est la véritable architecture de l'histoire, telle qu'elle va être présentée au lecteur ou au spectateur. Il faut donc trouver l'architecture narrative qui met le mieux en valeur le fond de votre histoire. Et pour ce faire, il ne faut pas hésiter à vous affranchir de la chronologie de l'histoire, de son déroulé.

Il y a mille façons différentes de raconter, au fond, la même histoire. C'est toute la différence entre le déroulé, qui, lui, est unique et représente le fondement dramaturgique de l'histoire, et les différents traitements qui peuvent, chacun, suivre une forme narrative différente.

La structure narrative que vous choisissez va aussi participer au rythme et au style que vous allez donner à l'histoire. Vous pouvez choisir de raconter l'histoire avec de courtes séquences ou l'inverse ; de suivre le point de vue d'un personnage. Vous pouvez commencer par la fin puis remonter le temps, commencer par l'apogée de la crise et revenir sur ses causes, etc. Ce n'est qu'après ces choix de structure que vous allez pouvoir commencer votre écriture définitive.

Deux exemples de structures très fréquemment rencontrées

Les histoires en parallèle

Il s'agit de choisir de raconter en parallèle le même événement vu par exemple par deux ou plusieurs personnages différents qui ne se connaissent pas ou qui se connaîtront plus tard. Ou de raconter deux histoires différentes qui vont finir par se rencontrer.

Raconter différents éléments en parallèle laisse évidemment plus de facilités au maniement des ellipses. Lorsque vous abandonnez une séquence en plein milieu pour en reprendre une autre, cela vous laisse tout loisir de choisir à quel moment vous renouerez avec la première. Les récits en parallèle permettent aussi de créer des éléments de suspense entre eux. La structure de récits en parallèle autorise bien des libertés et permet de « jongler » avec les éléments fictionnels de l'histoire.

Le *teasing*

Une autre technique très employée est le *teasing* au début de l'histoire. Il s'agit de raconter dès le début un « morceau » de la scène centrale de l'histoire, un moment de la phase de crise ou du « point culminant » sans en dévoiler les tenants et les aboutissants. Par exemple, un morceau du crime, ou de l'accident fatal. Ou de la transformation d'un personnage. Cela donne immédiatement du suspense à l'histoire : vous indiquez dès le début au lecteur qu'il s'est passé quelque chose d'incroyable, un crime, un accident ou un comportement choquant, une situation inimaginable ou un futur incroyable, sans lui donner tout de suite les clefs pour comprendre comment cela a été possible. L'histoire va par la suite donner des explications et du sens à la séquence choc ou énigmatique du début. Une histoire qui sera suivie avec d'autant plus d'avidité que le lecteur voudra savoir comment les personnages ont pu en arriver là.

C'est la structure qu'a choisie Michael Crichton pour de nombreux ouvrages, dont *Prisonniers du temps* (*Timeline*, Robert Laffont,

2000). Dès les premiers chapitres, un couple de touristes qui se sont perdus au fin fond de l'Arizona découvre sur la route un vieillard habillé bizarrement, avec des marques inexplicables sur le corps. Il ne semble pas pouvoir parler normalement. Il n'a aucun papier sur lui, rien qui puisse indiquer son identité. Il serre dans sa main une céramique qui comporte le nom d'une société de haute technologie, ITC, et un morceau du plan d'un vieux monastère. Transporté à l'hôpital, le vieillard meurt d'une crise cardiaque. Les autorités appellent la société ITC. Le lecteur va devoir suivre toute l'incroyable histoire imaginée par l'auteur pour donner un sens à ces premiers chapitres énigmatiques du livre.

Les récits en parallèle et le *teasing* sont deux « outils » de structure narrative couramment employés. Vous pouvez en imaginer d'autres. Ce travail spécifique sur la structure vous évitera de raconter votre histoire, au fil de son déroulement et, donc, d'utiliser à loisir tous les effets possibles, les digressions, les rythmes et les éléments de suspense. De même, cela vous obligera à ne pas rester collé aux personnages principaux. En changeant souvent de point de vue, vous pourrez raconter certains éléments avec d'autres personnages et dans des contextes différents. Toutes ces techniques sont idéales pour ménager le suspense et distiller les éléments d'explication de l'histoire avec justesse et parcimonie.

Chaque histoire suggère sa propre structure « idéale ». Prenez le film *Phase IV*, réalisé par Saul Bass en 1974 d'après un scénario de Mayo Simon. Un groupe de chercheurs est dans un désert pour étudier le comportement de fourmis mutantes. Le récit suit le travail des scientifiques entrecoupé d'images de comportements de fourmis que seuls les spectateurs voient. Les notes décrivent l'évolution du comportement des fourmis par « phases », d'où le titre. Au fur et à mesure, les fourmis vont devenir de plus en plus intelligentes et dangereuses. Chaque numéro de phase est inscrit à l'écran sur fond noir et ouvre un nouveau « chapitre » du film, et un nouvel état d'évolution des fourmis. Normalement, la « phase IV » devrait être l'apogée du film. La phase durant laquelle les fourmis, arrivées à un état d'intelligence et de dangerosité suffisantes, devraient attaquer l'humanité et dominer le monde à la place de l'homme. Mais au moment où apparaît à l'écran le titre « phase IV » qui devrait ouvrir ce chapitre, le film se termine, générique de fin.

Le parti pris narratif de cette œuvre est particulièrement audacieux. Il y a bien un point culminant, un « climax », et une résolution : la prise de pouvoir des fourmis et la disparition de la race humaine. Mais cette dernière partie de l'histoire n'est pas racontée. Elle est simplement suggérée par le fait qu'il y a bien un chapitre 4, une « phase IV », mais il n'y a plus d'humain vivant pour en être le témoin. Il n'y a que le titre. Au spectateur d'en imaginer la narration.

Comment être sûr qu'on tient la « bonne » structure narrative

D'accord, me direz-vous, mais comment juger si une structure narrative est bonne ou mauvaise ou même si, correcte au début, elle ne part pas en vrille en cours de route ? Vous êtes lecteur ou spectateur ? Bon. Posez-vous la question suivante : « À quel moment est-ce que je décroche d'une histoire ou je commence à la trouver pesante ? » Tout simplement quand vous n'avez plus rien à découvrir. Quand il n'y a plus de suspense, au sens large du terme. Le lecteur ou le spectateur doit toujours se demander : « Que va-t-il se passer ? »

Si c'est le cas de la première à la dernière ligne, c'est que c'est une bonne structure d'histoire.

Nous avons avancé. De l'idée de l'histoire à son déroulé. Du déroulé à la structure. De la structure au traitement. Certes. Mais nous n'avons pas vraiment abordé le traitement. Car le traitement – ce « livré final » de l'histoire – comprend également la matière même de l'écrit. Sa forme, son style, son rythme.

Chapitre 6

La forme de l'écrit

Ce chapitre, et celui qui va suivre, vont « disséquer » l'art d'écrire. Ces deux chapitres concernent, *a priori*, la littérature plus que l'écriture pour le cinéma ou le théâtre. En effet, pour ces deux derniers modes artistiques, le texte n'est pas tout à fait « l'œuvre finale » ; c'est sa mise en scène, ou en film, que le spectateur va, la plupart du temps, apprécier. Pour autant, cette écriture « intermédiaire » destinée aux metteurs en scènes, aux acteurs et à un public averti, n'en doit pas moins accrocher le lecteur et « donner le bon ton ». Le rythme, le choix des mots, la structure des phrases, seront autant d'indications à communiquer aux futurs interprètes de ce texte. Quant aux dialogues, ils vont faire partie intégrante du spectacle final et ils doivent donc être travaillés avec autant d'attention qu'en littérature, sinon plus.

Mais que doit-on écrire du déroulement de l'histoire ? Tout ? Doit-on tout détailler ? Tout expliquer ? Écrire chaque mot que pourraient prononcer les personnages ?

Pour répondre à ces questions, il faut d'abord s'intéresser au processus mental qui permet d'imaginer une histoire, puis au processus mental qui permet au lecteur de « s'approprier » l'histoire qu'on lui raconte.

De l'imagination de l'auteur à l'écrit

Lorsqu'on imagine pour soi-même une scène, un paysage ou un personnage, une image se forme souvent dans la tête. C'est parfois une image franche, presque aussi présente que celle d'un rêve. D'autres fois, ce sont les prémices d'une image. Un peu comme si l'image était lointaine, indistincte. C'est à peu près ce même processus qui va naître dans notre esprit lorsqu'on invente une histoire. Alors, comment transmettre ces « images imaginées », ces images mentales ? Lorsqu'on raconte un rêve dont, par chance, on se souvient, on a envie de tout décrire. Car il se passe des choses très étranges dans les rêves. Par exemple, on ne peut pas donner de nom à « l'animal » de notre rêve, car, en fait, aucun animal sur terre ne lui ressemble ! En revanche, lorsque vous racontez une scène imaginaire mais censée se passer dans un monde ressemblant au monde réel, nul besoin de tout décrire, car l'auditeur ou le lecteur partage, avec vous, un très grand nombre de références.

Néanmoins, si vous voulez emporter votre lecteur ou votre spectateur dans votre récit, il faut que vous lui en disiez assez pour que lui aussi « imagine », dans sa tête, votre histoire. Si vous lui dites « un chien », il sait ce que c'est, mais il ne le « voit » pas. Car il existe plusieurs races de chiens, des jeunes chiots et de vieux molosses, des gros et des efflanqués, des boules de poils et des « ras la peau », etc. Il faut donc lui en dire un peu plus pour qu'il « visualise » ce chien.

Vous pouvez donc le lui décrire. Donner sa taille, sa race, son âge, la couleur et la taille de son poil, la forme de sa gueule comme celle de ses yeux, le panache de sa queue, etc. Le verra-t-il mieux ? Cela dépend. Car il se trouve qu'à décrire trop, on empêche l'esprit de celui qui écoute ou lit de se « projeter » dans la description : c'est trop long, son esprit « lâche l'affaire ». La description est trop « dirigée » et empêche l'imagination du lecteur de faire « sienne » cette image de chien que vous voulez lui transmettre.

Pensez aussi que si vous souhaitez être le plus exhaustif possible dans vos descriptions et que vous devez décrire une image plus complexe, un paysage par exemple, il va falloir des centaines de pages, et votre lecteur risque de s'endormir bien avant d'avoir fini sa lecture. Une des descriptions les plus « longues » de la littérature française reste sans doute celle de la foule en marche dans le premier chapitre du roman de Balzac, *Les Chouans*. À force d'avoir autant de détails, le lecteur a tendance à perdre le fil, et son imagination a du mal à s'accrocher à l'histoire. Le plus incroyable, c'est que Balzac lui-même fait part des critiques concernant les trop longues descriptions :

« Dans les premiers jours de l'an VIII, au commencement de Vendémiaire, ou, pour se conformer au calendrier actuel, vers la fin du mois de septembre 1799, une centaine de paysans et un assez grand nombre de bourgeois, partis le matin de Fougères pour se rendre à Mayenne, gravissaient la montagne de la Pèlerine, située à mi-chemin environ de Fougères à Ernée, petite ville où les voyageurs ont coutume de se reposer. Ce détachement, divisé en groupes plus ou moins nombreux, offrait une collection de costumes si bizarres et une réunion d'individus appartenant à des localités ou à des professions si diverses, qu'il ne sera pas inutile de décrire leurs différences caractéristiques pour donner à cette histoire les couleurs vives auxquelles on met tant de prix aujourd'hui ; quoique, selon certains critiques, elles nuisent à la peinture des sentiments.

Quelques-uns des paysans, et c'était le plus grand nombre, allaient pieds nus, ayant pour tout vêtement une grande peau de chèvre qui les couvrait depuis le col jusqu'aux genoux, et un pantalon de toile blanche très grossière, dont le fil mal tondu accusait l'incurie industrielle du pays. Les mèches plates de leurs longs cheveux s'unissaient si habituellement aux poils de la peau de chèvre et cachaient si complètement leurs visages baisés vers la terre, qu'on pouvait facilement prendre cette peau pour la leur, et confondre, à la première vue, ces malheureux avec les animaux dont les dépouilles leur servaient de vêtement. Mais à travers ces cheveux l'on voyait bientôt briller leurs yeux comme des gouttes de rosée dans une épaisse verdure ; et leurs regards, tout en annonçant l'intelligence humaine, causaient certainement plus de terreur que de plaisir. Leurs têtes étaient surmontées d'une sale toque en laine rouge, semblable à ce bonnet phrygien que la République adoptait alors comme emblème de la liberté. »

(Honoré de Balzac, *Les Chouans*, 1829)

Je ne cite que le début de cette description qui, en fait, détaille chaque type de costumes et de personnages en plusieurs pages. Au bout du compte, le lecteur ne parvient plus à « visualiser » cette colonne de va-nu-pieds qui marchent ainsi pendant des jours. Bon, Balzac était payé à la ligne. Ceci explique peut-être cela.

De l'écrit à l'imagination du lecteur

En fait, le narrateur ne doit pas « tout dire » mais « stimuler » l'imagination du lecteur ou de l'auditeur. Assez pour qu'il commence à voir les choses, mais pas trop, pour qu'il puisse « s'en faire sa propre idée ». Si je vous dis : « un vieux chien un peu efflanqué ». Cela suffit. Vous avez assez d'éléments pour « mettre une image » sur ce chien. Ce ne sera sans doute pas tout à fait la même que celle que j'ai imaginée avant de vous la décrire, mais elle sera assez proche, en « correspondance ». Et il n'y a pas que la littérature qui fonctionne comme ça, la peinture et le dessin aussi !

Je me souviens de la première fois que j'ai pu voir des peintures originales du peintre Courbet. Je me rappelle très bien l'une d'entre elles qui représentait un chemin qui perçait un sous-bois et au loin, tout au fond, un cavalier et son cheval qui venaient vers moi.

De loin, il me semblait distinguer les moindres détails de ce cavalier sur son cheval, sa silhouette, son allure, mais aussi ses habits, les dorures du parement de l'animal, le regard de l'homme et celui de la bête… Mais en m'approchant pour mieux me rendre compte du travail de l'artiste, quelle ne fut pas ma stupéfaction de m'apercevoir que cavalier et cheval n'étaient exprimés tout au plus que par trois ou quatre coups de pinceau précis et vifs. De la magie, c'était de la magie !

En me reculant de nouveau, l'image revenait avec toute la finesse de son expression. Me rapprochant encore, il n'y avait plus que ces quelques coups de pinceau, deux ou trois taches de couleur.

Il fallait me rendre à l'évidence. Ce que je voyais du cavalier et du cheval, tous ces détails qu'il me semblait percevoir, c'était bien mon imagination et elle seule qui les voyaient, ou plutôt qui les recréaient. De fait, le peintre n'avait fait que suggérer ce personnage du cavalier, brossant d'un geste quelques indices qui évoquaient le tout. C'est là tout l'art de l'expression. Et ce qui est valable en peinture l'est aussi en littérature. Quelques lignes de force, un ou deux détails caractéristiques, une remarque suggestive vont décrire une scène entière, un lieu, une situation, une ambiance. Et nous lecteurs, cela nous suffit à reconstruire le tout, voir précisément les personnages et les lieux, les mouvements, percevoir même les sentiments intimes des protagonistes.

Écrire ou décrire, il faut choisir !

On voit donc bien qu'écrire n'est pas décrire, du moins exhaustivement. Il faut suggérer, donner quelques indications bien « tournées » qui vont mettre le lecteur sur la bonne voie. L'histoire que vous allez transmettre n'est plus votre histoire, mais celle que vous allez partager avec le lecteur. L'histoire imaginée par le lecteur en lisant votre texte ne sera pas exactement la même que la vôtre. Les personnages seront sans doute un peu différents. Ce sera une histoire « correspondant » à la vôtre, analogue par bien des points. Et pour arriver à cette transmission, il faut utiliser la même technique qu'en peinture : un simple trait va suggérer un corps ; une qualité remarquable évoquera une personnalité, un détail typique révélera une ambiance. Tout cela est possible parce que nous avons des références communes. Et justement, c'est ce à quoi il faut veiller. L'expression « un vieux chien efflanqué » parle à tout le monde. « Un fauteuil Napoléon III rongé par les vers » ne parle qu'aux Français ou aux francophiles qui ont fait l'effort de s'intéresser aux styles de mobilier anciens.

Prenez une photo ou une image quelconque. Regardez-la et déterminez ce qui vous frappe le plus dans l'image, que ce soit en termes « visuels » ou « conceptuels » (un personnage peut être par exemple mal habillé ou faire penser à un clochard). Décrivez ensuite cette image par touches, selon ce qui vous a le plus marqué, et arrêtez-vous lorsque vous sentez en avoir assez « écrit » pour qu'on puisse imaginer la scène que représente l'image de départ.

Le pouvoir de la suggestion

Ainsi, c'est le lecteur qui, savamment aiguillé par vos « touches » d'écriture et vos « traits » de plume, va faire surgir les formes, les images, les détails. C'est lui qui va faire le plus gros du travail et « reconstituer », à sa sauce, la séquence que vous lui avez écrite.

Reprenons Amélie Nothomb, dans *Métaphysique des tubes* :

« Il régnait dans la maison un silence anormal. Je voulus aller aux renseignements et descendis le grand escalier. Au salon, mon père pleurait : spectacle impensable et que je n'ai jamais revu. »

L'ambiance et la maison ne sont décrites que par deux éléments : le silence pesant puisque anormal, l'escalier qui est grand. Si l'escalier est « grand », c'est que la maison est vaste. Et qu'à cet instant, elle semble vide. Ce qui correspond à ce silence pesant. Il n'en faut pas plus pour que le lecteur ressente cette ambiance de drame : le vide soudain remarquable ; le silence. Nous avons presque tous vécu des ambiances similaires. Et il est vrai que ces éléments sont ceux qui nous viennent les premiers à l'esprit : le silence, et tout à coup, cette grandeur des choses, ce vide des volumes que le silence révèle. C'est suffisant. Vous voyez la scène.

Un autre exemple ? Prenons une auteure très différente. Paule Constant. Au tout début de *Confidence pour confidence* (Gallimard, 1998) :

« Le cœur de l'Amérique battait derrière la maison en bois, au milieu d'un carré de gazon, dans un arbre dont elle ne retrouvait pas le nom et qui ployait sous un amoncellement de fleurs roses que la course d'un écureuil faisait frémir. »

Là encore, nous sommes dans le subjectif, le suggestif. La maison ? En bois. Le jardin ? Un carré de gazon. Et un arbre au milieu. La sobriété de la maison en bois et du carré de gazon contraste alors avec cet arbre qui semble seul vivant et « riche ». Ployant sous le poids des fleurs. Frémissant à la course de l'écureuil. Et c'est vrai. C'est une image de l'Amérique, brossée là en quelques touches.

Vous voulez une description plus « classique », plus « descriptive » ?
Alors, restons sur les auteures au féminin avec Ruth Rendell dans
L'Enveloppe mauve (*The Fallen Curtain*, Éditions du Masque, 1997).

« Les maisons étaient des cages à lapin pour humains, des fourmilières sans confort. Presque chacune d'elles, à l'origine conçue pour
une seule famille, avait été partagée en trois ou quatre logements. La
médiocrité du niveau de vie se voyait au nombre de sonnettes, sept
pour une maison de huit pièces, aux poubelles, qui remplaçaient les
buissons roses des jardins, et à la lente dégradation attestée par une
fenêtre recouverte par des planches, une balustrade réparée avec
de la ficelle, une porte sans loquet qui battait sans arrêt, de façon
monotone, contre son montant. »

Texte plus « descriptif » en apparence. Mais qui fonctionne aussi par
touches. Comme si le regard se portait sur tel ou tel détail révélateur. La
seule description générale n'est pas visuelle. Elle fonctionne comme une
« correspondance ». Les maisons ne sont pas décrites, elles font penser à
des cages à lapin, des fourmilières. Et ça marche !

Vous percevez bien que le plus simple pour suggérer est d'exprimer
ce qui vous touche le plus dans la séquence à écrire. Pour Amélie
Nothomb, c'est ce silence soudain dans la grande maison. Pour Paule
Constant, cet arbre ployant sous les fleurs dans ce carré de verdure.
Pour Ruth Rendell, le nombre de sonnettes par maison, les poubelles, les planches qui obstruent une fenêtre ou la ficelle qui entoure
une balustrade. En écrivant ce qui vous marque le plus, vous avez
toutes les chances de marquer, à votre tour, le lecteur. C'est la justesse de votre émotion qui le touche. Et qu'il comprend. Car, peu
ou prou, nous avons tous le même type d'émotions. Nous sommes
plus ou moins disponibles pour ressentir ces émotions, mais nous les
partageons facilement.

Les mots. Le concept. Le matériel et le spirituel

Soyons aussi pragmatique. Les mots sont des « raccourcis » pour
désigner les choses. Les mots « maison », « usine », « chambre »,
« homme » ou « femme » désignent en un tournemain une entité

91

complexe tant dans ses formes que dans sa compréhension. Les mots sont de vrais « mots-concepts ». Bien sûr le mot « homme » ne suffit pas à lui seul à faire « visualiser » un personnage. Il en faut un tout petit peu plus pour « situer » cet homme. On peut donner quelques touches « matérielles » à la description, « un homme dans la quarantaine, grand et toujours habillé de costume de grande classe » par exemple. Mais on peut aussi choisir une description plus « spirituelle » ou comportementale du personnage comme : « C'était un homme qui souriait sans cesse et s'adressait toujours à vous comme si vous étiez un prince ou une princesse. »

L'effet est étrangement similaire. Grâce à ces indications, le lecteur va chercher dans sa mémoire l'image d'un homme qui correspond au comportement qui a été décrit et, ainsi, il obtient une image du personnage ! Et tout cela en un dixième de seconde. L'esprit et l'imagination sont absolument incroyables !

On peut aussi mélanger les deux modes descriptifs avec bonheur. Voici un exemple de description « mixte » tiré d'*Amours d'escales* d'Alphonse Allais.

« Fort élégant, impassible comme la statue de Nelson, aimant les femmes jusqu'à l'oubli des devoirs les plus élémentaires, Steelcock était un des rares hommes de la marine écossaise portant le monocle avec autant de parti pris. Les hommes du *Topsy-Turvy*, un joli trois-mâts dont il était maître après Dieu, prétendaient même qu'il couchait avec. »

Voilà comment on peut définir un homme, par exemple par son comportement avec les femmes. Et comment un simple monocle peut être en même temps un détail visuel et la marque d'un état d'esprit. Formidable !

Vous remarquerez néanmoins que c'est toujours l'émotion le trait d'esprit qui prédomine. On ne raconte pas une histoire comme on écrit un mode d'emploi. On ne cherche pas le vrai, l'exhaustif, mais le juste et l'émotion.

On pourrait se dire que, concernant l'écriture destinée au cinéma ou au théâtre, seule une description visuelle est nécessaire. Puisque décors et personnages vont être interprétés et donc prendre une forme réelle sous le regard des spectateurs, il faudrait donc indiquer aux futurs décorateurs et metteurs en scène à quelles « formes » vous pensez. Pourtant, il n'en va pas forcément ainsi. Si vous décrivez par le menu la silhouette et l'apparence d'un personnage, le réalisateur aura du mal à trouver l'acteur qui possédera ce physique et qui, en plus, aura le talent du rôle. Il vaut mieux indiquer les traits « importants » des personnages, ceux qui vont compter pour le rôle. Et ce, qu'ils relèvent de l'apparence physique ou de la personnalité du personnage. Par exemple : « C'est un petit monsieur arrogant à la voix de crécelle » est un bon mélange de particularité physique et de personnalité pour trouver le bon interprète. On ne choisira pas un grand dégingandé, certes, mais on cherchera surtout un acteur qui saura trouver la bonne « énergie » arrogante et prendre la voix adéquate. Il en va de même pour les décors. Il faut désigner les caractéristiques importantes du décor, ce qui frappe l'imagination en premier. C'est cette « émotion » du trait qui guidera ensuite le décorateur dans ses choix.

De la description générale à la précision du détail

Plus que l'art pictural, la littérature se permet bien des survols et des ellipses. Elle demande par exemple souvent à son lecteur d'imaginer les dialogues. « Ils échangèrent longtemps sur leurs manières respectives d'aborder la vie, l'amour et la mort… » À vous cher lecteur d'imaginer le dialogue de ces fameux échanges qui portent sur des sujets aussi anodins que la vie, la mort et les sentiments les plus profonds de l'homme ! Moi, l'écrivain, je n'ai pas le temps. Merci de compléter !

De même que vous allez exposer, en quelques traits, les choses qui ont marqué le plus votre imagination et votre esprit, de même vous allez vous appesantir sur certains passages et en survoler d'autres en une ou deux lignes.

C'est le cas de certaines descriptions qui passent du général au particulier dans la même phrase et se jouent des différents « points de vue » que cela suppose.

« Vue du ciel, c'était une de ces grandes mégapoles modernes et artificielles qui semblait surgir du désert comme une immense tache de béton et de bitume. » La phrase d'après, vous voilà déjà dans les rues de cette mégapole : « Je poussais la grande porte vitrée d'un de ces gratte-ciel vertigineux qui peuplaient cette forêt de bâtiments gigantesques. »

Entre-temps, le lecteur a fait atterrir son avion, pris un taxi pour le centre-ville et posé ses affaires à l'hôtel avant de vous suivre dans votre histoire. Encore deux ou trois chapitres comme ça et, à ce rythme, il sera fourbu à force de faire autant d'allées et venues pour compléter votre histoire dont vous, l'écrivain plutôt paresseux, n'aurez vaguement évoqué que quelques morceaux choisis. Et en plus, c'est vous qui touchez les droits d'auteur !

Certaines actions sont aussi évacuées en deux lignes ! Reprenons Amélie Nothomb et sa *Métaphysique des tubes*. La grand-mère belge de la jeune fille avait voulu renouveler sa garde-robe avant de venir voir ses enfants et petits-enfants au Japon :

« Les tailleurs de la grand-mère furent prêts. Elle les mit dans une valise, passa chez le coiffeur et prit l'avion Bruxelles-Osaka qui, en 1970, effectuait le trajet en quelque vingt heures. »

Voici bien quelques jours et pas mal de déplacements, discussions et actions évacués en deux phrases plutôt courtes. Seul détail qui ressort de ce survol : le passage chez le coiffeur. Associé à la nouvelle garde-robe, il indique clairement un trait de la personnalité de la grand-mère : c'est une grand-mère coquette et qui ne se laisse pas aller.

À l'inverse, d'autres passages sont décrits avec minutie. Parfois encore, un « détail » se voit traité avec l'importance d'un événement capital ! Voici comment la même Amélie Nothomb, qui a expédié le voyage de la grand-mère de l'héroïne au Japon en deux lignes, traite le simple fait que cette grand-mère ait donné un carré de chocolat blanc à cette même enfant de deux ans (toujours dans *Métaphysique des tubes*) :

« Les abeilles savent, elles, que seul le miel donne aux larves le goût de la vie. Elles ne mettraient pas au monde d'aussi ardentes butineuses en les nourrissant de purée avec des petits carrés de viande. Ma mère avait des théories sur le sucre, qu'elle rendait responsable de tous les maux de l'humanité. C'est pourtant au "poison blanc" (ainsi le nommait-elle) qu'elle doit d'avoir un troisième enfant qui soit d'une humeur acceptable.

Je me comprends. À l'âge de deux ans, j'étais sortie de ma torpeur, pour découvrir que la vie était une vallée de larmes où l'on mangeait des carottes bouillies avec du jambon. J'avais dû avoir le sentiment de m'être fait avoir. À quoi bon se tuer à naître si ce n'est pour connaître le plaisir ? Les adultes ont accès à mille sortes de voluptés, mais pour les enfançons, il n'y a que la gourmandise qui puisse ouvrir les portes de la délectation.

La grand-mère m'avait rempli la bouche de sucre : soudain, l'animal furieux avait appris qu'il y avait une justification à tant d'ennui, que le corps et l'esprit servaient à exulter et qu'il ne fallait donc pas en vouloir ni à l'univers entier ni à soi-même d'être là. »

Encore une fois, la fiction et l'écriture ne relèvent pas d'une manière « rationnelle » de décrire les choses. La fiction est portée par la vision personnelle et l'émotion qu'ont de la vie le narrateur et les personnages de l'histoire. Pour la petite Amélie de deux ans comme pour l'écrivaine Nothomb, le voyage de sa grand-mère de Belgique jusqu'au Japon compte pour du beurre. En revanche, la découverte du sucre est une véritable bombe pour ses sens et pour sa considération de la nature humaine. C'est sa « vision » des choses, son « point de vue » qui va guider le narrateur dans ses descriptions et ses choix.

Ainsi, l'écriture a tous les droits. Elle décrit en deux lignes un événement qui dure plusieurs jours ou s'appesantit pendant plusieurs pages sur un détail ou une action qui n'a duré que quelques secondes. Elle raconte, en long, en large et en travers, telle ou telle scène, mais va faire l'impasse sur toute une période de l'histoire, ou sur des personnages qui ne lui semblent pas « remarquables ». Elle va retranscrire tous les dialogues d'une scène et, tout d'un coup, ne plus dialoguer toute une séquence…

Tout cela nous mène à une autre réflexion : la narration est libre et pleine de trous ! Certains passages sont expédiés en deux ou trois mots, tandis que d'autres ne sont même pas abordés !

Pensez à des gens que vous connaissez bien, des proches dont vous connaissez, en grande partie, l'histoire. Vos parents par exemple. Ou votre meilleur ami. Et essayez de décrire en une phrase tout un pan de leur enfance, ou le début de leur vie de couple. Pour ce faire, prenez le détail le plus significatif de la période vécue par cette personne. Par exemple, votre meilleur ami vous a souvent raconté que sa famille était pauvre, qu'il usait tous ses habits jusqu'à la corde et qu'il ne pouvait jamais s'acheter de jouet ? Cela peut donner : « Il a passé toute sa jeunesse mal habillé en rêvant des jouets que ses parents ne pouvaient jamais lui offrir. » À vous, en une phrase, de « symboliser » toute une période de la vie d'une personne. C'est un très bon exercice pour trouver la bonne tournure, le bon ton.

Chapitre 7

On ne nous écrit pas tout !

Les histoires ne sont en fait que des morceaux de récits. Des morceaux choisis. Scènes, séquences ou chapitres ne retracent que des moments importants qui « révèlent » l'histoire. Le narrateur doit bien choisir ces moments. Ce sont ceux qui vont permettre au lecteur ou au spectateur de « recomposer » la fiction. Ces moments choisis par l'auteur représentent aussi son point de vue. Si l'on considère, par exemple, une histoire d'amour entre deux personnages, celle-ci peut être traitée de bien des manières différentes : on peut ne retranscrire que les scènes d'amour charnel ; on peut au contraire s'arrêter aux scènes du quotidien, au travers desquelles vont s'exprimer, en filigrane, les sentiments des protagonistes ; on peut enfin ne traiter cette passion amoureuse qu'au travers des échanges que les deux protagonistes de cette relation amoureuse ont avec des tiers, amis, famille, connaissances. Tout dépend de ce qui semble le plus pertinent, le plus intéressant, le plus révélateur au narrateur à propos de cette histoire. Ces choix sont parfois tout simplement expliqués au lecteur comme ici dans cet extrait du roman de Marguerite Duras, *Le Ravissement de Lol V. Stein* (Gallimard, 1964) :

« Les dix-neuf ans qui ont précédé cette nuit, je ne veux pas les connaître plus que je ne le dis, ou à peine, ni autrement que dans leur chronologie même s'ils recèlent une minute magique à laquelle je dois d'avoir connu Lol V. Stein. Je ne veux pas parce que la présence de son adolescence dans cette histoire risquerait d'atténuer un peu aux yeux du lecteur l'écrasante actualité de cette femme dans ma vie. Je vais donc la chercher, je la prends, là où je crois devoir le faire, au moment où elle me paraît commencer à bouger pour venir à ma rencontre, au moment précis où les dernières venues, deux femmes, franchissent la porte de la salle de bal du casino municipal de T. Beach. »

L'écriture de l'histoire est pleine de trous

Ainsi, ce qui est vrai dans le détail de l'écrit l'est également concernant l'ensemble de l'architecture de l'histoire. Lorsque vous racontez une histoire, en fait, vous ne faites que décrire quelques moments choisis, quelques scènes remarquables.

Le lecteur, à l'aide des balises temporelles que vous lui avez indiquées, recréera toute l'histoire dans sa véritable continuité. Et cela est vrai autant pour la littérature que pour le cinéma ou le théâtre. Petite différence cependant, la littérature a souvent tendance à « fluidifier » ce type de structure, résumant parfois à toute vitesse les passages entre les scènes. On peut avoir, par exemple, le début d'une vie résumé en une phrase. « Il a vécu la jeunesse habituelle de tous ces fils d'ouvriers, élevés dans l'ombre de l'usine et les dimanches matin consacrés à la vente de *L'Huma-Dimanche* sur le marché. » Voilà vingt ans qui tiennent en quelques mots, et hop ! Au cinéma et au théâtre, ce type de résumé peut se faire mais il est souvent un peu plus « lourd » car il a besoin d'une mise en place et d'être joué ou dit en voix off par exemple.

Le cinéma et le théâtre préfèrent le plus souvent le simple « montage *cut* » de scènes remarquables qui évoque le tout, suggère l'histoire ; par exemple, une scène de ménage suivie de deux scènes au lit avec des femmes différentes mais un même homme raconte très bien la crise d'un couple et la vie dissolue du mari.

Le théâtre de Molière est aussi un bon exemple de ce type de procédé. Dans chacune de ses pièces, les scènes décrivent différents moments vécus, et c'est leur « montage » qui permet de reconstituer la continuité de l'histoire, de même que les scènes « manquantes », parfois évoquées dans les scènes traitées.

98

Regardons encore *Le Discours d'un roi* de Tom Hooper.

La scène décrit le futur George VI, qui donc ne peut s'exprimer sans bégayer, participant à sa première séance avec ce thérapeute australien si peu conventionnel.

Ce dernier lui fait lire un texte, que, bien sûr, le futur monarque massacre de son bégaiement. Puis le thérapeute lui demande de relire le même texte, mais pendant la lecture, il diffuse une musique avec un son si fort que ni le futur roi ni le spectateur ne peuvent entendre la lecture. Grâce à un microphone directionnel, le thérapeute enregistre les paroles du prince sans la musique qui couvre les voix.

Mais Son Altesse ne goûte pas ce procédé qui lui semble si fantasque qu'il met fin à la séance. À regret, le thérapeute prend congé du futur roi, non sans lui avoir confié l'enregistrement de cette lecture que personne – spectateurs compris – n'a pu entendre.

Scène suivante. Le prince est avec son père, le roi régnant qui enregistre ses vœux à la nation pour la nouvelle année. Il en profite pour tenter de faire parler son fils devant le micro. Celui-ci est bien sûr incapable de s'exprimer sans buter sur chaque mot. Son roi de père s'emporte. Une dispute éclate.

Scène suivante. Le prince est allongé sur un divan, un linge mouillé sur le front. On se doute qu'il a mal au crâne et rumine l'infamie de sa situation. Soudain, il décide d'écouter l'enregistrement que le thérapeute a fait de sa lecture : son phrasé est parfait. Et aucun bégaiement ne se fait entendre.

Si ces trois scènes se suivent dans le film, elles sont, dans la réalité chronologique de l'histoire, éloignées en temps et en lieux. Elles n'ont d'ailleurs pas de lien objectif entre elles. Une séance de thérapie dans un quartier reculé de Londres à une date que nous ne connaissons pas. Puis les vœux du roi enregistrés au château et bien sûr au nouvel an. Puis les maux de tête du prince pour une cause qui nous est inconnue, à une date tout aussi ignorée ; suivis, cette fois-ci chronologiquement, par l'écoute du fameux enregistrement. Ce qui les réunit, c'est en fait le discours, la volonté du narrateur. Par ces « scènes choisies », ces moments remarqués de la chronologie beaucoup plus vaste de la vie du prince, il veut donner un sens, une impression qui est la sienne et qui pourrait se résumer comme ça : le prince accepte de participer à la séance de thérapie que lui a conseillée sa femme. Mais le contexte trop éloigné de celui de sa condition royale, les manières étranges de ce thérapeute inconnu font qu'il claque la porte. La scène avec son père, son bégaiement devant lui et la dispute qui s'ensuit, le renvoie durement à sa situation et au mépris de sa famille – et surtout de son père. Ses maux prennent maintenant l'apparence physique d'un mal de crâne qui l'oblige à se retirer pour prendre du repos. Désespéré par sa situation qui semble empirer au point qu'il doit s'aliter, il se rappelle sa première séance de thérapie qu'il a peut-être eu tort d'arrêter. Il écoute l'enregistrement. Et son absence de bégaiement indique clairement que son mal n'est pas un mal physique, mais mental. On sait à ce stade qu'il va reprendre le chemin de cette thérapie audacieuse.

Cette histoire, c'est celle que se raconte le spectateur en voyant la suite de scènes qu'on lui propose. C'est lui qui « reconstruit » le lien de l'histoire. Le narrateur n'a fait que lui montrer quelques instants remarquables. Comme le peintre, il n'a posé que quelques touches de couleur sur le papier, quelques traits qui ont permis aux spectateurs de reconstituer le tout, de raconter une histoire, de donner du sens à la fiction.

Définissez rapidement une trame d'histoire qui se déroule dans le temps. Par exemple : une jeune femme, considérée comme une ravissante idiote dans sa petite ville natale, décide de se rendre à la capitale pour « réussir ». Son bon sens populaire fait qu'elle devient un ponte de la publicité. Dans sa ville d'origine, ses anciens détracteurs n'en reviennent pas. Sur une base comme celle-ci (vous pouvez prendre cet exemple de trame ou en inventer une autre), déterminez les scènes d'action clés qui vont « raconter » les choses. Quelle scène pour montrer qu'on se moque de cette idiote ? Quelle scène pour indiquer qu'elle quitte sa petite ville pour la capitale ? Quelle scène pour montrer son talent de publiciste issu du bon sens populaire qui l'anime ? Quelle scène pour montrer sa réussite ? Et quelle scène pour indiquer les réactions de ses anciennes connaissances ? Et attention, on a dit des scènes d'action ! Évitez surtout les scènes du genre : « Elle discute avec sa maman et lui explique qu'elle veut se rendre à la capitale pour réussir dans la vie. » Ça, c'est carton jaune ! Creusez-vous les méninges et trouvez de l'action. Imaginez comment on vit ce type de décision : la préparation de sa valise, ou les coups de téléphone pour trouver un logement, ou le voyage dans le train, ou les affres du voyage en stop, etc. Le but est de déterminer les « morceaux de fiction » qui vont raconter cette histoire.

L'ellipse

Si l'écrit ne raconte pas toute l'histoire, c'est qu'il utilise donc des ellipses. L'ellipse, c'est ce que l'auteur ne dit pas mais que le lecteur va quand même comprendre. La forme et l'utilisation de l'ellipse font partie intégrante du style de l'écrit. Il y a des ellipses libres et des ellipses liées, c'est-à-dire résultant du récit lui-même. L'ellipse libre, c'est par exemple lorsque l'auteur raconte quelques moments de la vie d'un personnage sans raconter le reste. Ce reste, c'est plein d'autres moments de la vie de ce personnage sans qu'il soit possible de déterminer lesquels. La seule chose que l'on comprend, c'est que le narrateur n'a pas eu envie de raconter toutes les séquences de la vie du personnage parce que toutes ne participent pas forcément de l'histoire qu'il a choisi de suivre. C'est le cas des ellipses pratiquées par Tom Hooper dans l'exemple du *Discours d'un roi* évoqué plus haut. Il se passe sans doute beaucoup de choses entre les séquences qui sont montrées. Mais on n'a aucune indication sur la nature de ces séquences, les temps et les lieux qui les concernent. Ce sont des ellipses « libres » justement parce qu'on ne sait rien d'elles, et que l'on s'en moque.

Les ellipses liées sont celles qui découlent directement des scènes traitées dans l'écrit. Si le narrateur raconte qu'un personnage quitte son domicile pour rejoindre sa belle et que la séquence d'après il est au restaurant avec elle, vous connaissez à peu près le contenu de ce qui n'a pas été raconté : le voyage jusqu'à chez elle, les échanges entre eux à propos du restaurant, le départ et l'arrivée au restaurant. Vous connaissez aussi le temps du déroulement de ces ellipses.

Autres ellipses liées : lorsque la scène « ellipsée » est suggérée ou évoquée dans une scène effectivement racontée ; par exemple, deux personnages évoquent un événement qui n'est pas raconté par l'histoire en tant que tel mais dont on découvre des bribes dans ce qu'en disent les uns et les autres par exemple. L'intérêt d'une telle ellipse est justement de ne pas tout dire !

Le film *Le Neg'* de Robert Morin (2002) est entièrement fondé sur l'art de l'ellipse.

Le film commence sur la mort d'un jeune Noir dans un village perdu du Canada. La police arrive et interroge tout le monde. Chacun a sa version très différente de cet « accident mortel » que le spectateur ne voit jamais dans sa version complète ni « objective ». C'est en recoupant les différents témoignages que le spectateur va se faire peu à peu une idée réelle de ce qu'il s'est passé. Dans ce film, l'ellipse, la scène de crime, est pratiquement le sujet du film, son enjeu.

L'ellipse libre ou liée peut donc concerner des scènes que l'on saute parce qu'elles ne sont pas très intéressantes et des scènes que l'on ne raconte pas car elles seront déduites des scènes écrites, ou que le fait de ne pas les écrire sert l'intention du narrateur ; par exemple, et comme suggéré dans le film de Robert Morin, une scène de crime qui n'est pas traitée, sujet du suspense de tout le livre ou de tout le film…

Comment travailler ses ellipses

L'ellipse de la scène « inutile » est assez facile à travailler. Son emploi tombe souvent sous le sens. En revanche, l'ellipse « utile » doit se prévoir. Lors de la création de la structure de l'histoire, vous devez déjà vous poser la question de l'intérêt de chaque scène : fait-elle ou ne fait-elle pas avancer l'histoire ? Ce travail va *de facto* vous amener à gérer les ellipses. Certains travaillent par addition :

On commence avec un déroulement général de l'histoire, mais sans aucune scène encore retenue. Qu'est-ce qui est absolument indispensable ? OK, la scène de crime, car c'est par exemple le départ de l'histoire. Et dans cette scène, qu'est-ce qui est indispensable ? Le moment où il poignarde sa victime. OK. Pour l'instant on ne garde que ça, le totalement indispensable. Le minimum pour comprendre juste ce qu'il se passe dans l'histoire ; on rajoutera des choses ou pas par la suite, à la relecture de ce premier jet minimaliste.

Pour ma part, je préfère travailler ainsi, à l'économie, en minimaliste. Cela permet de ne jamais perdre la « raison » de l'histoire et, à chaque ajout, de se poser la question de sa nécessité, afin de ne garder que les scènes absolument indispensables.

Une autre façon d'agencer le récit est exactement l'inverse et consiste à travailler en soustractif. Vous imaginez toutes les séquences d'une scène, puis vous supprimez au fur et à mesure celles qui ne vous semblent pas nécessaires à la compréhension des choses.

Ces deux manières de travailler doivent aboutir au même résultat : ne garder que ce qui est indispensable ou intéressant à vos yeux. L'ellipse est l'outil qui permet de ne choisir que ce que vous voulez raconter. Le reste est suggéré, vous le rendez déductif, vous le passez sous silence, bref, vous le mettez sous le tapis.

Les ellipses concernent le lecteur, pas le narrateur !

Pour autant, vous, l'écrivain, devez absolument savoir ce qui n'est pas dit dans l'histoire finale. Vous devez connaître les scènes d'enfance du personnage même si ces scènes n'apparaissent jamais dans l'écrit final. Vous devez savoir qui a tué ! Vous devez connaître les atermoiements des personnages qui ont précédé le véritable commencement de l'histoire. Vous, vous devez tout savoir, et particulièrement tout ce qui n'est pas écrit.

Car c'est cette connaissance qui va guider votre histoire. C'est parce que vous savez tout de vos personnages que vous allez pouvoir les incarner et les « mettre en scène ».

Les scènes « ellipsées » comptent quand même !

Les séquences « ellipsées » vont en effet compter dans les séquences racontées. Parfois même, directement. Une scène de rupture, par exemple, va être racontée très différemment selon les raisons qu'ont les personnages de rompre. Et ces raisons n'auront pas forcément été développées dans les scènes précédentes. Au moment de la scène de rupture, elles seront inconnues du lecteur ou du spectateur, selon que le narrateur a souhaité lui en faire part ou non. Cela n'empêchera pas la scène de rupture de se dérouler en fonction des « raisons » de chaque protagoniste. Raisons que le lecteur va peu à peu comprendre « en filigrane » par le comportement des personnages lors de la scène de rupture. Plus généralement, les personnages amènent leur propre vécu à chaque séquence de l'histoire, sans pour autant que ce vécu soit développé dans l'écrit final.

De même, l'ellipse est un outil majeur du suspense. L'inconnu, le non-dit ou le non-raconté, crée de lui-même du suspense. Le changement d'attitude soudain d'un personnage va, par exemple, rester une énigme pour le lecteur et créer un suspense, jusqu'à ce qu'on lui dévoile le pourquoi de la chose.

Dans *Une relation dangereuse* de Douglas Kennedy (*A Special Relationship*, Belfond, 2003).

L'héroïne est victime d'une grave dépression post-natale après son accouchement. Son mari est particulièrement odieux avec elle. Puis tout d'un coup, il change d'attitude, se met à comprendre sa femme, donne des excuses à ses maux, devient gentil, prévenant et aimable. Le lecteur est étonné de ce revirement. En même temps content pour l'héroïne et sur ses gardes. Plus dure sera la chute lorsqu'il apprendra toute la machination diabolique qui se cache derrière ce nouveau comportement.

Toute cette machination n'a bien sûr pas été racontée au lecteur, et il n'en a rien su, jusqu'au drame qui le prend de court autant que l'héroïne.

Vous allez traiter une scène de rupture, par exemple, ou la banale commande d'un déjeuner au restaurant, ce que vous voulez. Mais imaginez qu'un des personnages de cette séquence vient de vivre un événement marquant :
- Traitez la séquence en imaginant qu'il vient de tuer quelqu'un.
- Puis traitez la même séquence en imaginant qu'il vient d'hériter d'une fortune de plusieurs millions d'euros.
- Enfin, traitez cette séquence en imaginant que votre personnage vient de découvrir que sa femme (ou son mari si c'est une femme) l'a quitté.
Dialoguez succinctement les choses et voyez comme la séquence est différente selon ce que vient de vivre le personnage et ce qu'il porte en lui.

Chapitre 8

Le style

Le style, marqueur du « point de vue » de l'auteur

Le style, c'est la forme du récit. Et la forme, comme disait Victor Hugo, c'est le fond qui remonte à la surface. La forme, ce n'est pas seulement les mots choisis, le rythme, le phrasé, le maniement des ellipses, non, c'est aussi la manière de raconter, le point de vue du narrateur. Le style est en relation directe avec le « personnage du narrateur » que vous vous êtes choisi. Comme nous l'avons déjà dit, définissez bien pour vous-même ce personnage que vous, le narrateur, vous allez incarner. Vous pouvez être froid et observateur ; vos descriptions seront alors plus « visuelles » et vous essayerez d'être neutre, objectif.

À l'inverse, vous pouvez choisir de prendre position par rapport à ce que vous décrivez et racontez. Ce peut être un léger amusement critique vis-à-vis des personnages et de l'histoire ou au contraire relever d'une admiration franche pour les protagonistes. La manière de dire, exprime parfois beaucoup plus que ce qui est dit. Un bon narrateur saura mettre en valeur une histoire pourtant banale et ainsi en créer tout l'intérêt.

Lorsque j'étais jeune, un ami avait l'habitude de nous jouer toujours le même sketch pour décrire avec amusement l'art de raconter des « rapatriés d'Algérie » dont il faisait partie.

Il nous décrivait d'abord le «Français» lisant un article de journal à propos d'un accident de car d'enfants au retour de vacances. Simple lecture factuelle et d'un ton neutre.

Puis c'était au tour du rapatrié de nous raconter le même article de journal.

Et voilà notre rapatrié s'emportant dans de grands gestes, imaginant «tout haut» les pauvres mères et leurs larmes bruyantes. Et ce pauvre conducteur de car qui s'en voudra toute sa vie. Et si ça se trouve, il a lui-même des enfants, et comment va-t-il leur raconter ce drame? Mais aussi pourquoi continue-t-on d'autoriser les cars à rouler le soir et la nuit sans tenir compte de la fatigue du chauffeur? Il faudrait faire immédiatement une loi là-dessus et en plus ça créerait des emplois. Mais que fait le président de la République, nom de Dieu. Il se la coule douce au soleil au lieu d'être là, près de ces pauvres enfants blessés et des mères éplorées. De toute façon c'est un con ce président et je ne voterai pas pour lui aux prochaines élections… Et ainsi de suite pendant une heure.

De ce maigre accident de car, si j'ose dire, il nous peignait toute la condition humaine avec force gestes et cris, et pleurs, et colères. C'était ça un «rapatrié» à ses yeux, un type qui vivait chaque chose de la vie comme un grand drame ou une immense comédie, un type qui voulait toujours faire participer la terre entière à chacun de ses faits et gestes.

Il était flagrant que là encore, c'était le style, la forme, qui comptait et non le fond – banal fait divers résumé en quelques lignes coincées en bas de la dernière page d'un obscur journal local. Le style c'est le fond et parfois, le fond, ça peut être aussi le style.

Dans le style, il y a en même temps la forme d'expression que choisit l'auteur et qui relève, là encore, de son «personnage de narrateur». Mais il y a aussi la forme de l'histoire elle-même. Une histoire peut être racontée par petites touches, par saynètes courtes et rapides qui, peu à peu, révèlent l'histoire. Il est aussi possible de prendre la narration «de front» et se lancer d'un trait dans le corps de l'histoire, au fil de la plume.

Rappelons-nous le film d'Abbas Kiarostami, *Le Goût de la cerise*.

C'est l'histoire elle-même, impossible, irréelle, qui crée le style.

Tout se passe dans la voiture d'un homme qui cherche quelqu'un pour l'aider à l'enterrer après son suicide. Chaque personnage «embarqué»

106

dans la voiture représente une facette de la société iranienne. Tous refusent d'aider le personnage principal dans son suicide, pour des raisons très différentes. Nous sommes sans cesse en voyage, en passage, comme si (et cela rappelle un autre titre de film) nous n'étions que des passagers dans la vie.

L'histoire, très «conceptuelle» et minimaliste, crée d'elle-même un style, une urgence, un déplacement qui impliquent un rythme, une respiration, une forme narrative. Le fond de l'histoire, c'est qu'à travers tous ces personnages qui vont et viennent dans la voiture du candidat au suicide se dessinent peu à peu le délabrement et la désespérance de l'Iran de l'époque. La forme du récit, l'absurdité du processus mis en place, le mouvement permanent qu'il impose aux personnages comme aux spectateurs expriment autant le fond de l'histoire que les éléments narratifs eux-mêmes.

Forme et fond entretiennent des relations si imbriquées, si dépendantes l'une de l'autre que l'on ne sait jamais d'où va surgir le sens. Du fond ? De la forme ? Un peu des deux ? Du type de relations qu'entretiennent la forme et le fond ? C'est votre choix d'auteur, il n'y a pas de règle.

Afin de se rendre compte presque «charnellement» des différences de styles, le plus simple est de prendre le roman d'un auteur que l'on affectionne et de copier – à la main – ses textes. Prenez donc un chapitre et recopiez-en les premières pages. En écrivant vous-même les mots d'un auteur, en prenant ce temps de l'écrit qui n'est pas le même que celui de la lecture, en butant sur des mots ou des ponctuations qui ne sont pas les vôtres, vous allez véritablement «entrer» dans l'écriture de l'auteur. Entrer dans la «chair» de son écrit, dans sa peau d'écrivain. C'est à ce moment que vous allez concrètement voir comment il décrit les choses, ses choix d'ellipses, sa ponctuation, ses tournures de style, etc. Faites cet exercice même s'il vous semble «trop simple». C'est en fait l'un des meilleurs pour voir comment un auteur répond aux problématiques de l'écriture fictionnelle. Vous pouvez changer d'auteur et faire le même exercice avec chacun. C'est très formateur de «manier» différents styles de récit et d'écriture.

Qui raconte ?

À travers la question du point de vue, de l'axe qui est le vôtre lorsque vous racontez une histoire, la raison qui vous pousse à aborder tel ou tel sujet fictionnel, se pose aussi la question de qui raconte. Il est clair que si vous abordez l'histoire d'un conflit social par exemple pour défendre la cause ouvrière ou au contraire la cause patronale, vous n'allez pas choisir la même forme de narration, ni les mêmes personnages de narrateurs.

Dans tous les cas, le choix de « qu'est-ce que je veux dire ? » est en relation directe avec « qui parle ? ». Mais, au fait, qui est ce personnage de narrateur qui va raconter mon histoire ?

Le narrateur peut être un personnage extérieur à l'histoire ou intérieur à l'histoire.

Personnage extérieur à l'histoire

Il peut être un personnage « révélé » ou pas. Si l'on ne sait jamais rien de celui qui raconte l'histoire, c'est simplement le personnage qu'a choisi d'être l'écrivain pour raconter son histoire. Il peut imaginer être un romantique aux grandes envolées lyriques ou un observateur froid et calculateur, par exemple. Mais son personnage restera « en filigrane » dans cette histoire, seulement présent par son ton et le style de son discours écrit. Il peut avoir son avis sur ce qui se déroule, mais n'interfère pas directement dans l'histoire.

Il peut être aussi un personnage « révélé », bien qu'extérieur à l'histoire, c'est-à-dire un personnage qui raconte cette histoire et dont à un moment du roman – au début, au milieu ou la fin – on sait qui il est. Par exemple un vagabond des rues qui a ramassé un manuscrit ou des lettres dans une poubelle, ou un petit enfant qui découvre au grenier l'histoire de son grand-père et nous la restitue. Ou un médecin qui recueille, un peu chaque jour, les différents épisodes de l'histoire d'un patient.

L'intérêt de ces personnages extérieurs révélés est d'avoir la possibilité de mener deux histoires de front : la principale, qui représente la plus grande partie du récit, et celle du personnage du narrateur

108

qui découvre cette histoire ou nous la restitue. En sautant de l'une à l'autre, cela permet à l'écrivain de distiller comme il l'entend et en toute liberté les différents « morceaux choisis » de l'histoire principale.

Personnages intérieurs à l'histoire

Dans ce cas, le narrateur est tout simplement l'un des personnages de l'histoire. Le cas le plus courant est celui du narrateur personnage principal de l'histoire. Mais ce peut être aussi un personnage secondaire. Un flic qui mène l'enquête, un parent du personnage principal, un protagoniste qui croise le personnage principal et qui est subjugué par l'histoire qu'il porte. Dans ce cas, le personnage, bien que secondaire, participe à l'histoire, même si sa participation reste limitée.

Attention, certains auteurs mixent la narration par un personnage de l'histoire et l'intervention directe de l'auteur qui « ponctue » de ses remarques la narration du personnage. C'est tout à fait possible et très courant, car cela « fluidifie » le récit.

C'est le cas dans le roman de Larry Beinhart, *Le Bibliothécaire* (*The Librarian*; trad. fr. Gallimard, 2005). Le chapitre 50 du roman est raconté par un enfant des montagnes de l'Idaho :

> « L'Amérique touchait à sa fin, comme son père le disait. En tout cas, son Amérique à lui, la vraie, celle où des gens indépendants et débrouillards bâtissaient leur maison de leurs propres mains, tiraient l'eau de leur puits, coupaient eux-mêmes leur bois et abattaient leur gibier avant de fumer la viande ou de la mettre à geler sous la neige pendant l'hiver.
>
> Il ne restait plus rien, aucun endroit où un homme puisse vagabonder à sa guise, se sentir chez lui. Ces Californiens qui avaient fait fortune dans le cinéma ou l'informatique, ils débarquaient, avec les services administratifs dans leur sillage. La vaccination. La scolarité obligatoire. Ils vous disaient ce qu'il fallait penser, ce qu'il fallait dire, comment vivre ; on était plus chez soi.
>
> L'enfant détestait ces gens-là et leur façon de faire. Il se demandait si le conducteur de la Jeep était un de ces étrangers, un de ces nouveaux venus. »

Voilà comment – dans la dernière phrase – l'auteur passe de la parole directe de cet enfant à ses pensées, « racontées » cette fois par l'auteur qui est un peu dans ce cas comme un personnage omniscient, au-dessus de l'histoire.

Changement de personnage de narrateur

La règle générale est qu'on ne change pas de personnage de narrateur. Et cette règle est sans appel si, de plus, vous avez choisi un personnage de narrateur extérieur à l'histoire et non révélé. En effet, vous ne pouvez pas changer de ton et de style comme ça sans prévenir, car le lecteur, qui imagine souvent inconsciemment un personnage derrière l'écrivain, ne comprendrait pas que celui-ci change de peau au milieu de son histoire.

Dans le cas de personnages extérieurs révélés, en général, on ne change pas de narrateur non plus. Sauf cas exceptionnels et qui doivent alors être « scénarisés ». Par exemple, un patient et son psychanalyste. L'histoire peut être racontée tour à tour par le médecin et par son patient qui peut expliquer pour lui-même tout ce qu'il n'a pas dit à son psy lors de ses séances. De même, on peut imaginer deux sœurs découvrant l'histoire de leur famille et la racontant tour à tour d'une façon fort différente. Mais ces cas restent exceptionnels et doivent être justifiés par une situation particulière.

Dans le cas de personnages de narrateurs intérieurs à l'histoire, il peut y avoir parfois plusieurs narrateurs. C'est le cas d'histoires racontées tour à tour par différents personnages qui la vivent : le cambrioleur et l'enquêteur qui le poursuit ; la femme amoureuse et l'homme qu'elle convoite ; deux frères ennemis ; un *serial killer*, sa future victime et le flic qui enquête sur l'assassin, etc. Mais attention, ne multipliez pas trop les personnages de narrateurs au risque de perdre votre lecteur qui ne sait plus « qui parle ». Deux personnages de narrateurs représentent déjà un processus narratif complexe à manœuvrer.

Ce système « binarratif » ou « multinarratif » présente néanmoins l'avantage de pouvoir sauter d'une narration à l'autre et de distiller, comme le souhaite l'auteur, les différents éléments de l'histoire. Dans les cas où l'histoire est racontée par plusieurs personnages, il faut évidemment bien séparer les différents discours. On ne peut pas passer d'un narrateur à l'autre au cours d'un même paragraphe. La plupart du temps ces différents points de vue de narration sont divisés en chapitres. Par exemple, un chapitre est raconté par tel personnage, le suivant par un autre, le troisième, de nouveau par le premier personnage, et ainsi de suite.

Le « tempo » de l'écrit

Le style relève donc très pragmatiquement de vos choix de narrateur. Il nous faut cependant regarder les composantes principales qui déterminent un style. Parmi celles-ci, le tempo.

Le tempo, c'est un peu la vitesse de votre récit. On l'a vu, il est plus ou moins possible de détailler ses descriptions. Certains écrivains sont méticuleux et très visuels. Comme certains dessinateurs, ils vont mettre tout leur talent à bien tracer leurs lignes, préciser les ombres et les lumières, dessiner avec force détails… D'autres vont tout jouer sur le coup de pinceau, travailler plus le geste que le juste, à peine indiquer les valeurs de lumière et pratiquement pas les détails. Ce sont deux styles très différents. Ni l'un ni l'autre n'est mieux ou moins bien. Il en va de même pour l'écrit. Ce n'est pas la même façon de raconter et cela ne correspond pas non plus au même personnage de narrateur. L'un balance ses mots avec de grands gestes, l'autre précise les choses calmement. L'un va être plus « visuel » et l'autre plus « conceptuel ».

Voici encore un passage de Marguerite Duras, tiré de *L'Amant de la Chine du Nord* (Gallimard, 1991). Il s'agit d'une description :

« Une maison au milieu d'une cour d'école. Elle est complètement ouverte. On dirait une fête. On entend des valses de Strauss et de Franz Lehar, et aussi *Ramona* et *Nuits de Chine* qui sortent des fenêtres et des portes. L'eau ruisselle partout, dedans, dehors.

On lave la maison à grande eau. On la baigne ainsi deux ou trois fois par an. Des *boys* amis et des enfants de voisins sont venus voir.

> À grands jets d'eau ils aident, ils lavent, les carrelages, les murs, les tables. Tout en lavant ils dansent sur la musique européenne. Ils rient. Ils chantent. »

On est sur un tempo saccadé. Les phrases sont courtes. Tout est simplement factuel. C'est une description principalement visuelle. L'auteure ne s'exprime pas sur ce qu'elle voit. La seule chose qui est exprimée par le style, c'est cette vision des choses par touches, par flashs. Cette juxtaposition d'images ou de sons ressentis donne une impression de distance. Il est clair que l'auteure assiste aux choses, elle n'y participe pas. Elle est « loin ».

Ce dernier exemple nous permet de passer de la notion de tempo à la notion de rythme.

Le rythme

Le rythme de l'écriture est ce qui scande le récit. Ce qui lui donne son architecture « musicale » si j'ose dire. Comme il y a un rythme de parole, il y a un rythme de l'écrit. L'idéal est de savoir maîtriser ce rythme selon le « ton » que l'on veut donner à son écrit.

Le rythme est une musique

Lorsque vous écrivez une scène ou un paragraphe, imaginez la musique qui vous semble correspondre à ce que vous voulez écrire. Est-ce un passage de violon aux longues notes qui s'écoulent en *lento* ou *adagio*, ou un passage soutenu, marqué de notes tranchées en *moderato* ou *allegro* ? Ou encore une partie scandée au tempo rapide et presque en percussion jouée en *vivace* ou *presto* ? Ce petit exercice vous donnera une idée des phrases qu'il vous convient de construire pour adapter le rythme de votre écrit à la musicalité que vous imaginez pour votre texte.

Évidemment, les phrases courtes, sans adjectif, voire d'un seul mot, donnent une écriture vive et rythmée à l'écrit. Tandis que les longues phrases agrémentées de sujets, d'adjectifs et de multiples compléments donneront quelque chose de plus charnel, profond, mais

112

également plus lent et « allongé ». Il y a aussi la ponctuation qui va enrichir la notion de rythme. Car à l'intérieur même de la phrase, une ponctuation « hachée » va redonner du rythme à une phrase pourtant « longue ». Cependant, la ponctuation n'a pas la même valeur que la conception phraséologique. Cette dernière scande vraiment le rythme. Elle est coupante, sans appel. La ponctuation donne une respiration à la phrase, mais elle reste portée par cette dernière. Ce n'est pas pareil.

La ponctuation

Pour beaucoup, la ponctuation représente la « respiration » de l'auteur lorsqu'il dit son texte. Il y a des respirations longues et d'autres haletantes ou syncopées. La ponctuation est donc la « respiration » de l'écrit. Une fois qu'on le sait, qu'on le « conscientise », comme disent les psys, on peut aussi le changer, le reconstruire. Vous avez une respiration plutôt lente et longue et vous ponctuez en suivant cette respiration qui vous est naturelle, soit. Mais vous pouvez imaginer une autre respiration lorsque vous écrivez. Vous pouvez « jouer » une respiration haletante en vous forgeant intérieurement un personnage de conteur comme un fumeur invétéré par exemple toujours dans l'urgence de petites respirations qui semblent lui redonner un peu de vie.

Les mots pour l'écrire

Le choix des mots est un choix de contexte, un choix de culture, de milieu social, de personnages… Chacun a ses mots, c'est évident. Mais l'écrivain est un « voleur d'identité » en ce sens qu'il change sans cesse de personnage pour sauter de l'un à l'autre et endosser tour à tour différentes personnalités. Il lui faut donc, en même temps, changer de lexique, changer de mots. Pour reprendre l'un des passages de l'introduction de cet ouvrage, si votre personnage de conteur est un vagabond des rues à moitié soûl du matin au soir, vous ne l'écrirez pas avec les mêmes mots que s'il est, au contraire, une noble du XVIIIe siècle ! Ou un médecin de province, ou un ouvrier métallurgiste, ou un gamin de sept ans, ou une fille de joie… À vous de choisir les mots pour le dire, les mots de votre conteur. Mais ce n'est pas tout. Bien sûr il y a le mot juste et celui qui ne l'est pas. Bien sûr il y a des synonymes plus ou moins différents, en sens comme en tonalité, du mot d'origine. Bien sûr il y a des mots qui ensemble fonctionnent ou détonnent… Mais il y a surtout la musique des mots. Vous écrivez de la prose, certes, mais vos phrases doivent avoir une bonne musicalité. Et si les phrases elles-mêmes, comme la ponctuation, donnent un rythme, les mots sont des notes, et leur agencement, une mélodie. Écrire, c'est aussi être musicien. Être compositeur. Vous composez votre texte, vous n'écrivez pas. L'interprète, ce sera le lecteur avec sa voix intérieure et les indications de style que vous lui aurez suggérées. Mais vous, vous êtes Mozart devant votre partition, et la musique de vos mots, les rythmes de vos phrases doivent exprimer autant que ces mots eux-mêmes.

Vous vous souvenez de cette blague d'enfant à qui l'on demande s'il connaît sa table de multiplication ? Bien sûr, dit-il. Et pour le prouver, le voilà qui scande : « Tin-tin-tin, Tin, Tin-tin-tin, Tin… » Et à la question : « Mais que fais-tu ? » Il répond : « J'ai appris la musique mais je ne connais pas encore les paroles ! » Ce n'est pas faux ! Un texte est porté par sa musicalité. Les mots sont des notes, longues ou brèves, avec leur fin sèche ou « coulée ». Et tout cela compte.

La musique des mots

Une des théories sur la création des mots explique que les premiers mots viendraient de la sonorité réelle de choses exprimées. Le feu, *atr*, viendrait du craquement entendu lors de la combustion du bois, par exemple. Je ne sais pas ce que vaut cette théorie qui m'a l'air fumeuse (avec jeu de mots !), mais elle retranscrit aussi notre besoin de trouver du sens dans la musicalité des mots. On imagine facilement que l'on ne peut pas exprimer le « doux » avec des mots abrupts, comme il semble difficile d'exprimer la violence avec des mots tendres ou caressants…

Les phrases, elles aussi, ont une musique et une harmonie qui doivent coller avec ce qu'elles expriment. Tout cela – on l'évoquera également dans le chapitre suivant consacré aux dialogues – devient primordial pour les dialogues au théâtre comme au cinéma. Il faut que les dialogues soient « musicaux ». Un auteur disait : « Il faut des répliques qui claquent ! »

Petit exercice de style justement. Mettez-vous à une terrasse de café, ou face à un jardin ou dans un salon. Et exercez-vous à plusieurs styles de description. D'abord visuelle. Vous pouvez balayer des yeux l'espace devant vous et repérer tout ce qui attire votre regard. Vous décrivez les choses par touches, en suivant l'attention que votre esprit porte naturellement à tel ou tel détail. Vous pouvez choisir des phases courtes – sujet, verbe, complément, point – qui, chacune, n'expliquent qu'une chose, ne détaillent qu'un élément.
Lorsque vous avez terminé cette première description, écrivez-en une seconde, mais cette fois-ci en changeant totalement de point de vue. Essayez d'abord de donner une idée de l'ensemble du paysage en face de vous. À quoi vous fait-il penser ? Par exemple, pour un salon : « C'est un tout petit salon, plein de meubles hétéroclites, qui fait plus penser à un bazar qu'à une pièce à vivre. » Puis du général, passez au particulier, mais en choisissant un mode de description conceptuel plutôt que visuel. « Le fauteuil un peu avachi témoignait d'une aisance passée. » Ou : « Les couleurs autrefois vives des murs et des bibelots rappelaient les années glorieuses du premier spoutnik et des groupes de rock and roll. » Vous pouvez recommencer une troisième fois en choisissant par exemple de ne « raconter » le paysage que du point de vue de ceux qui l'habitent.
Pour un jardin par exemple : « On imagine que c'est un vieux jardinier au dos courbé et à la démarche boitillante qui s'occupe de ce jardin. Il est clair qu'il ne peut travailler que les parcelles proches des allées et doit délaisser les autres. »
Ces exercices vous familiarisent avec la diversité des points de vue que l'on peut adopter dans notre mode de narration.

Chapitre 9

La part du dialogue

Il est tranquillement assis à sa table de travail, le regard perdu dans la blancheur du mur d'en face. Une femme, s'approche de lui. Elle le regarde. Il se tourne vers elle et dit :

– Tu penses à quoi ?

– À rien, en fait.

– Tu as l'air plutôt songeuse pour quelqu'un qui ne pense à rien.

– Non, mais je pense à des trucs « perso », c'est tout.

– Qui ont un rapport avec moi ?

– Mais non ! Enfin, si, mais de loin.

– C'est-à-dire ?

– Pas à toi directement.

– Écoute là, tu m'en as trop dit ou pas assez !

– Je pensais au problème du dialogue dans la fiction.

– Quoi ? Mais qu'est-ce que ça a à voir avec moi… Non ! Ne me dis pas que tu as lu mon manuscrit sur la fiction ?

– Bien sûr que si ! Je t'apprécie et donc je m'intéresse à tout ce que tu fais ou écris, c'est tout !

– Ne me dis pas que tu as ouvert mon ordinateur sans m'avertir et que tu t'es permis de lire mes dossiers ! ?

– Écoute, tout ça n'a rien de personnel. OK, je n'aurais peut-être pas dû le faire, mais voilà, je l'ai fait ! Et maintenant je me pose un certain nombre de questions à propos de ce que tu as écrit.

Il s'enfonce la tête dans ses mains comme pour signifier tout ce qu'il pense de mal à propos de l'indiscrétion de son amie. Puis il se reprend et s'adresse à elle d'un ton inquisiteur.

– Et c'est quoi tes questions ?

– Eh bien à propos des dialogues ! ? Tu n'as pas encore abordé ce chapitre et pourtant cela me semble primordial !

– Je t'écoute.

– Tu parles de plusieurs types de fictions, la fiction littéraire, le scénario de film ou de téléfilm et enfin le texte de théâtre.

– Et alors ?

– Tu dis – dans le premier chapitre je crois – que peu importe pour quel média on écrit, et que le principal est le fait qu'avant tout, on écrit une fiction… Que les règles de la fiction sont les mêmes et que seules quelques petites spécificités séparent l'écrit littéraire de l'écriture pour le cinéma par exemple.

– Oui, et donc ?

– Eh bien je ne suis pas d'accord avec toi ! Surtout si l'on considère l'aspect des dialogues.

– Je te rappelle que c'est moi qui écris ce texte sur la fiction et qu'à ma connaissance, je ne t'ai pas demandé ton avis. Mais bon, dis ce que tu as à dire.

– Les dialogues ne sont pas du tout écrits de la même façon selon le type de texte. Dans la littérature par exemple, les dialogues sont souvent très « écrits » justement. Personne ne parle en vrai comme ça. Alors qu'assez souvent dans les films, les dialogues essaient de se rapprocher le plus du véritable langage parlé.

– C'est tout ?

– Il y a aussi le cas du théâtre. Le dialogue est primordial au théâtre. Souvent même, ce type d'écriture se résume presque aux seuls dialogues. Rien à voir avec la littérature qui, elle, peut par exemple se concevoir sans un seul dialogue… Enfin tu vois, il y a mille choses à dire sur les dialogues et là dans ton manuscrit il n'y a presque rien là-dessus ! Tu ne peux pas faire ça, tout simplement !

– Je vois. Et il ne t'est pas venu à l'esprit que si tu n'as rien lu sur les dialogues dans mon texte, c'est juste que je n'ai pas encore eu le temps d'aborder ce chapitre ?

– À d'autres, je te connais. Quand tu commences un livre tu écris toujours tous les débuts de chapitres en premier et c'est seulement après avoir fait ça que tu te penches sur chaque chapitre en particulier. Et là, je n'ai rien trouvé sur le dialogue.

– C'est vrai. Mais ce livre est un peu particulier, en fait. C'est un peu écrire sur comment écrire. Et que ce soit pour le théâtre, le cinéma ou la littérature. Et du coup, je n'ai pas abordé les choses comme d'habitude… Ça te satisfait comme explication ?

– Hum ! Et tu comptes écrire quelque chose sur comment écrire les dialogues ?

– Bien sûr ! J'en avais la plus ferme intention, figure-toi !

– OK, et qu'est-ce que tu dirais à propos des dialogues ?

Il la regarde fixement puis reprend.

– Eh bien, si je commençais à écrire le chapitre que j'imaginais à propos des dialogues, je crois que je commencerais les choses comme ça…

La place du dialogue dans la littérature, le théâtre et le cinéma

Avant de continuer, faisons un petit exercice. Les dialogues étant parfaitement repérables dans un ouvrage par les guillemets ou les tirets qui l'accompagnent, on peut aisément prendre un livre et faire défiler rapidement toutes ses pages. On repère ainsi les parties de dialogue et les parties de narration et on se rend compte facilement si un livre est très dialogué ou très peu dialogué. Je ne vous ferai pas une grande révélation en vous dévoilant qu'hormis la qualité intrinsèque de l'ouvrage, plus un livre est dialogué et plus il a de chances de s'adresser au plus grand nombre. Pourquoi ? Parce que le dialogue est la manière la plus directe et la plus quotidienne de faire vivre ses personnages. Et la plus proche aussi de la « réalité », du moins en apparence, parce qu'effectivement, dans la vie, on utilise tous beaucoup la parole et le dialogue pour échanger avec les autres. Il apparaît donc plus simple et plus accessible de retranscrire ces dialogues pour faire s'exprimer les personnages, plutôt que de narrer le contenu de l'échange. C'est pourquoi le roman dialogué peut apparaître plus « populaire » que la narration peu ou non dialoguée. La présence et la quantité de dialogues dans un texte de fiction définissent presque un style ou, du moins, une forme de narration.

Le théâtre comme le cinéma – art où le dialogue tient souvent une place prépondérante – sont généralement considérés comme des arts populaires. Nous mettrons de côté dans cette réflexion le théâtre en vers qui, s'éloignant du pur dialogue pour se rapprocher de la poésie classique et de la musique (rythme et musicalité de l'écriture versifiée), propose une forme « secondaire » d'expression, plus éloignée de l'idée que l'on se fait d'un art populaire.

Il ne faudrait cependant pas en tirer comme conclusion que le cinéma, comme le théâtre, serait en fait un art du dialogue. Je suis conscient que si je m'aventurais sur ce terrain, toute une armée d'historiens du cinéma crierait à l'imposture et au mensonge, rappelant à juste titre que le cinéma est né muet, et donc, presque sans dialogue. Presque. Car, en fait, dans beaucoup de films muets produits au début du cinéma, les principaux dialogues des personnages étaient écrits sur des « cartons » intercalés entre les scènes filmées, un peu comme des sous-titres dans les films étrangers que l'on voit aujourd'hui.

Les dialogues au cinéma

Depuis le sonore, le cinéma a donc radicalement changé. Sa mise en scène, qui, au début, relevait d'une gestuelle parfois proche du mime, s'est muée en mise en scène plus proche du théâtre moderne dialogué. On a même parfois parlé, pour certaines œuvres cinématographiques, de théâtre filmé. En tout cas, le fait de filmer et d'enregistrer le son des « scènes de la vie quotidienne » avec des personnages qui justement, comme dans la vie, échangeaient des dialogues entre eux, a souvent poussé le cinéma à se tourner vers un art mixte, entre un art d'images et de dialogues. Les scénarios sont devenus très souvent assez dialogués, même si certains cinéastes tentent de raconter des histoires avec le plus de visuels et le moins de paroles possible. On reviendra plus tard sur ce choix qu'offre le cinéma d'être très dialogué, comme chez Woody Allen par exemple, ou très visuel, comme dans beaucoup de films d'Hitchcock. Il n'y en a pas un plus « cinématographique » que l'autre, il y a seulement un choix d'auteur.

Comment considérer le dialogue

Si nous avons commencé cet ouvrage en expliquant que l'écrit n'existe pas vraiment mais n'est que de l'oral transcrit – ou plutôt que l'écrit n'est que le discours oral du conteur racontant son histoire –, alors qu'est-ce que le dialogue ? Juste peut-être une parenthèse durant laquelle le narrateur semble « citer » la parole directe d'un des personnages. Nous dirons que cela nous convient – du moins pour commencer – comme définition du dialogue.

Considérons de plus près la nature et les différents styles de dialogues. Nous avons dit que le dialogue est la parole citée des personnages de fiction. Mais concernant la « forme » de ces dialogues, il y a deux styles distincts à prendre en compte dans l'art du dialogue : le choix général du style de l'ensemble des dialogues et le style de dialogue de chacun des personnages selon ce qu'il est. Là est la difficulté.

Formes et styles de dialogues selon les différents types d'écrits

Comme le dialogue est *a priori* une « cassure » dans la narration générale, on peut se demander quel style on doit donner à son dialogue.

Le style du dialogue doit-il suivre le style de la narration ou doit-il s'adapter à la personnalité de chaque personnage ?

Si je choisis un style de dialogue, par exemple très littéraire, comment vais-je écrire les dialogues des personnages issus de milieux populaires de mon histoire ? Ou les dialogues d'un petit malfrat, ou d'un maçon espagnol qui n'a jamais totalement assimilé le français, ou d'un gamin de quatre ans ?

Dans une certaine littérature populaire des années 1950, ce problème a été réglé la plupart du temps ainsi : les dialogues étaient toujours assez « littéraires » car cela ne se faisait pas d'écrire le « parler » dans un livre, et la nature de chaque personnage était précisée par quelques mots ou expressions types censés déterminer le genre de personne à qui on avait affaire. Le maçon espagnol dira à chaque fois « pourquoi » au lieu de « parce que », le malfrat utilisera un certain nombre de contractions comme « m'sieur » ou « j'lui ai dit » et entrecoupera ses phrases d'un juron typique, et le gamin se trompera dans les conjugaisons, dans le genre « si j'aurais su, j'aurais pas venu ». Tout cela donnait un style général un peu convenu mais les dialogues restaient efficaces et indicatifs de l'action et des pensées des personnages tout en ayant une petite touche « colorée » pour chacun d'entre eux.

Le cinéma, comme le théâtre, a suivi peu ou prou cette manière de concevoir les dialogues. Il a fallu attendre les années 1960 pour voir les choses évoluer dans le septième art comme sur les planches des théâtres. Les auteurs de cette époque ont cherché à faire coller leurs dialogues à la réalité parlée du quotidien. Du coup les dialogues sont devenus moins discursifs et moins structurés. Comme dans la vraie vie. De même, chaque personnage s'est vu affubler de son propre style de dialogue, issu de sa personnalité et de sa condition. Cela permet, bien sûr, de créer de véritables contrastes de dialogues. Un fils de grand bourgeois au parler châtié et respectueux et une gamine des bas quartiers au langage direct et à l'argot fleuri vont avoir du mal à échanger un dialogue amoureux, par exemple. La littérature a elle aussi fait évoluer ses dialogues vers plus de réalisme.

Le choix de Harlan Coben pour son roman *Sans un mot* (*Hold Tight* ; trad. fr. Belfond, 2009) réside dans des dialogues littéraires avec quelques touches qui « marquent » le personnage. Voici un passage dialogué de deux gamines de 12 ans avec le père de l'une d'entre elles :

«C'était M. Novak qui les appelait d'en bas. Yasmin se frotta les yeux. Ouvrant la porte, elle cria :

– Oui, papa ?

– J'ai fait du pop-corn.

– On descend dans une minute.

– Beth et moi, on pensait vous emmener au centre commercial. On pourrait se faire un cinéma, ou alors, vous pourriez jouer aux arcades. Qu'en dites-vous ?

– Une seconde.

Yasmin referma la porte.

– Papa flippe complètement. Il a besoin de prendre l'air.

– Pourquoi ?

– Il nous est arrivé un truc trop bizarre. La femme de M. Lewiston s'est pointée ici.

– Chez vous ? Non !

Les yeux agrandis, Yasmin hocha la tête.

– Enfin je suppose que c'était elle. Je ne l'avais jamais vue, mais j'ai reconnu la bagnole pourrie de M. Lewiston.

– Et alors ?

– Ils se sont engueulés.

– Arrête !

– J'ai pas pu entendre. Mais elle avait l'air furax. »

«Se faire un cinéma», «Papa flippe», «un truc trop bizarre», «la bagnole pourrie», «j'ai pas pu» au lieu de «je n'ai pas pu», toutes ces expressions indiquent un certain parler et un type de personnages. Pour le reste, les dialogues sont écrits relativement classiquement et dans un style assez «littéraire».

Inspirez-vous d'un dialogue très littéraire dans un roman classique ou écrivez vous-même un dialogue classique ou très descriptif, factuel. Imaginez maintenant le même dialogue exprimé par des jeunes ados actuels en essayant de vous rapprocher le plus du parler réel. N'hésitez pas à modifier le fond de l'échange si cela s'avère nécessaire. Laissez-vous porter par ce que vous connaissez de ce type de personnage. Vous pouvez ensuite faire le même exercice en changeant de milieu ou de type de personnages : essayez-vous dans un milieu ouvrier, avec des jeunes «bobos» dynamiques, des *fashion victims*, des retraités ronchons... Le but est de se rendre compte des différentes façons de parler des personnages selon leur nature.

Le dialogue-action

Là encore, on doit retrouver la vertu de cet adage jamais démenti : l'histoire, c'est l'action. Et même s'il y a bien sûr des formes particulières de récit, plus descriptives ou plus dialoguées, cela ne change rien, c'est toujours l'action qui crée l'histoire.

Le dialogue doit lui aussi « se faire entendre » dans l'action.

Il faut éviter, si possible, ces séquences très convenues dans lesquelles les personnages arrêtent leurs actions et s'assoient pour « discuter ». Je ne dis pas que la discussion dans un salon un verre à la main est à proscrire absolument, mais si vous pouvez éviter au maximum ces « tunnels » de dialogues, faites-le ! D'ailleurs, même dans un salon au moment de l'apéro, des actions sont toujours possibles : machin renverse un verre sur le super costume de truc, tel couple s'engueule devant leurs invités pour savoir s'il faut mettre ou non de la musique douce, un invité fouille la bibliothèque de son hôte en critiquant ses choix littéraires, etc.

Le film *Carnage* de Roman Polanski (tiré d'une pièce de théâtre de Yasmina Reza) se résume pratiquement à la discussion de deux couples à propos d'une bagarre qui a eu lieu entre leurs enfants respectifs. Il y a unité de lieu : le salon de l'un des couples.

Pour autant, l'action est permanente dans le film, et dès le début : un bouquet de fleurs renversé, le téléphone portable d'un des protagonistes qui sonne sans arrêt est finalement jeté dans un vase, un sac à main jeté par terre. Comme son titre l'indique, au-delà des convenances du début, le ton monte très vite et le film finit en véritable « carnage ».

En travaillant le dialogue dans l'action, ne resteront dans les écrits que les dialogues nécessaires, ceux qui font avancer l'histoire. De plus, le dialogue, comme le reste de la narration, doit créer du suspense. Il y a par exemple des dialogues dans lesquels les personnages n'arrivent en fait pas à dire les choses. Ceux qui sont « coupés » au moment où l'on va enfin savoir. Ceux qui dévoilent une face encore inconnue de la personnalité d'un personnage et laissent un parfum de doute ou d'inquiétude… Ce qu'il faut éviter si possible, c'est le dialogue descriptif ou explicatif.

Dialogue descriptif et dialogue-action

Entendons-nous sur les notions de dialogue descriptif et de dialogue-action. Le dialogue descriptif exprime en mots les sentiments des personnages ou témoigne des actions qui se sont déroulées ou qui vont se dérouler. De la sorte, il enlève toute ambiguïté mais également tout suspense concernant les sentiments des personnages. De plus, il ne fait pas vivre les actions au moment où elles se passent, mais les relate ou nous en confie les conséquences. Il ne s'agit plus vraiment de fiction, mais plus d'écrit « témoignage », dans le genre : « Alors, voilà comment ça s'est passé… »

Le dialogue-action, lui, se déroule pendant l'action. Et n'est en aucun cas une « parenthèse » dans cette action. Il ne s'adresse jamais au lecteur mais uniquement aux personnages de la fiction. Il ne se veut pas « explicatif » et répond seulement aux besoins d'expression des personnages. Il est donc aussi complexe que peuvent l'être les personnages. Il participe aussi à l'action et passe souvent « du coq à l'âne » (dans la réalité, on poursuit souvent plusieurs conversations à la fois. « Passe-moi le sel » va côtoyer une phrase sur l'actualité économique, suivie elle-même d'un grand « Merde » parce que le personnage vient de se blesser en coupant du pain).

Prenons un exemple qui éclairera notre propos. Imaginons une scène classique de la fiction. L'homme du couple se sait cocu et va faire comprendre à sa femme qu'il sait :

LUI – Je sais que tout à l'heure, tu étais avec un autre homme dans notre propre maison !

ELLE – Et alors, c'était le plombier… Le robinet de la salle de bains ne fermait plus et j'ai donc appelé le plombier pour le réparer.

LUI – C'est très bizarre, car ce matin même, lorsque j'ai fait ma toilette, le robinet ne fuyait pas.

ELLE – Eh bien il a dû se casser entre ta toilette et la mienne et j'ai dû appeler quelqu'un pour remédier à ce problème, tout simplement !

LUI – Allez, arrête d'inventer des mensonges. Je sais que tu vois un autre homme ! (*Elle se retourne et le fixe.*)

ELLE – Oui, c'est vrai ! Et alors ? Tu veux que je t'explique pourquoi je vois quelqu'un d'autre ?

Là, nous sommes dans le dialogue descriptif. Les personnages expriment ce qu'ils ressentent et savent. Il n'y a pas de suspense, car dès que le sujet qui fâche est abordé, nous connaissons les faits et la position de chacun. Il y a bien un petit amusement grinçant avec le mensonge du robinet qui fuit entre la toilette de l'un et celle de l'autre, mais c'est tout. À la fin de cette scène, on s'attend à une discussion de couple qui promet d'être longue et ennuyeuse, entre les reproches de l'un, les rancœurs de l'autre et les faux regrets de chacun. On a à l'avance une impression de déjà-vu qui contribue à alourdir le propos déjà pesant.

Vous pouvez avoir le même type de dialogue, mais qui fait avancer l'action. Concernant l'exemple indiqué plus haut, vous pouvez commencer par l'homme qui par exemple s'en va, ou est en train de faire ses valises. Ou que la femme surprend à faire ses cartons. C'est une action et votre dialogue va être « dans l'action ». Ce qui vous permet par exemple de faire passer toute la tension du couple à ce moment-là par une dispute à propos d'un objet ou d'un livre dont chacun revendiquerait la propriété.

Bref, vous pouvez inventer toutes sortes de choses et de dialogues à condition qu'ils se situent dans l'action. Ce que vous devez éviter absolument, c'est le dialogue qui constate un fait suivi des bavardages et discutailleries de vos personnages à propos de cette constatation. C'est ça. Évitez au maximum les discutailleries ! Il faut que vos dialogues fassent avancer l'action ou participent à l'action.

Le dialogue dans l'action a plus d'une vertu : lorsque les personnages parlent dans l'action, le lecteur à l'impression d'assister en secret à la scène, comme un voleur. Cet aspect « voyeur » contribue à l'intérêt du lecteur ou du spectateur qui apprécie aussi d'être plongé en secret dans la vie intime des personnages. Les commentaires à propos de ce que vivent les personnages, c'est au narrateur ou au lecteur de les faire et non aux personnages d'imposer les leurs. De fait, le dialogue ne doit pas trop en dire.

Repérez dans un livre ou créez un dialogue « statique » entre deux ou trois personnages. Une discussion à propos de quelque chose, une rupture ou un désaccord sur un choix de vie, ou la découverte d'un secret par exemple. Puis imaginez une action qui se déroule en même temps que cet échange entre les personnages et redialoguez la scène avec cette action. L'action peut être banale – l'un des personnages a perdu quelque chose et le cherche – ou importante, comme une crise cardiaque ou un cambriolage qui se déroule sous les yeux des personnages par exemple. Appréciez la différence des deux dialogues – le statique et celui « dans l'action ». Notez la liberté de propos et de narration comme l'énergie que vous donne le dialogue dans l'action.

Que doivent « dire » les dialogues ?

En fait, et c'est un paradoxe, je vous l'accorde, moins le dialogue en dit, mieux c'est. Car le dialogue ne doit pas « expliquer », mais faire avancer l'histoire. Comme l'action, il doit ouvrir d'autres horizons, de nouvelles portes, annoncer de nouveaux rebondissements. Et surtout, il doit laisser sa part d'imagination au lecteur. Le lecteur doit se poser des questions, il doit essayer de deviner la ou les suites possibles.

Vous l'avez également compris, le dialogue doit être « dans l'action », donc, il doit servir l'action. Et pour ce faire, il ne doit pas se « remarquer » plus que cela. Les belles tirades sont certes appréciables littérairement, mais elles nous portent plus à la réflexion qu'à suivre l'action. Mis à part dans le théâtre déclamatif où chaque dialogue représente un petit essai philosophique à lui tout seul, le dialogue de fiction doit nous faire avancer dans l'histoire et annoncer de nouvelles actions. Il ne doit donc ni être « fini », « fermé » ni se suffire à lui-même. Au contraire, il se doit de rester ouvert, de ne rien « clôturer », voire même, de ne pas terminer ses phrases. Oui, oui ! Les dialogues « coupés » sont très intéressants et s'inspirent, de plus, du vrai « parler ». Nous-mêmes, très couramment, nous ne terminons pas nos phrases.

Voici un dialogue tiré du roman de Douglas Kennedy *Quitter le monde* (*Leaving the World* ; trad. fr. Belfond, 2009). C'est une séquence entre un professeur d'université et une jeune femme dont il dirige les recherches de doctorat. Ils discutent tous les deux du travail de la jeune femme, lorsque le téléphone sonne :

« Au milieu d'une discussion dans son bureau à propos de Sherwood Anderson, le téléphone a sonné. Alors qu'auparavant il avait toujours ignoré les appels téléphoniques lors de nos rencontres de travail hebdomadaires, cette fois il s'est crispé à la première sonnerie et, tendant la main vers le combiné, il a lâché :

– Celui-là, je dois le prendre…

– Vous préférez que je sorte ? lui ai-je demandé.

– Pas la peine.

Faisant pivoter sa chaise pour me tourner le dos, il s'est mis à parler à voix basse et agitée. "Oui, oui… Écoute, j'ai quelqu'un ici… Alors, le toubib a dit quoi ? Eh bien, il a raison, complètement raison… Moi, je suis brutal ? Attends !… C'est parce que tu refuses de prendre tes médicaments qu'il y a ces moments où tu… D'accord, d'accord, je m'excuse mais… Oh, mon Dieu, est-ce que tu t'arrêteras jamais de… Oui ! Oui, ça me met en colère, ça me rend furieux, même !… Quoi ? Ah, je n'en peux plus, de ces…"

Il s'est arrêté brusquement, comme si la communication venait d'être coupée. Une bonne minute s'est écoulée pendant laquelle il est resté immobile, s'efforçant de se maîtriser, les yeux fixés sur la fenêtre. Très gênée, j'ai balbutié :

– Professeur ? Ce serait peut-être mieux si je…

– Je vous demande pardon. Vous n'auriez pas dû entendre ça.

– Je vais partir.

Il ne s'est pas retourné.

– OK. »

Voilà un magnifique exemple de dialogue dans lequel on en sait assez pour se poser des questions, alors que pourtant, rien n'a été formellement dit. Très peu de phrases sont structurées dans ce passage, et très peu sont simplement complètes. Le personnage du professeur s'arrête au milieu de chaque phrase. Et chacune d'entre elles n'a pas forcément de lien avec la précédente. Et pourtant, on devine qu'il parle à sa femme et que cette dernière a un problème de santé, et sans doute de santé mentale. Et qu'ils ont tous deux un problème de couple… Assez, donc, pour avoir envie d'en savoir plus.

Le cas du dialogue comique

Une histoire est une suite de situations que vivent les personnages. Une histoire « comique » se doit de suivre le même précepte. Elle ne peut pas être une série de gags racontés par les personnages, les uns à la suite des autres. C'est pourquoi le comique dans une histoire doit relever avant tout d'un comique de situation. Le vaudeville utilise sans cesse le comique de situation. Par exemple, le mari qui va mettre son meilleur ami dans la confidence concernant les agissements extraconjugaux de sa femme… sans se douter que ce « meilleur ami » est en même temps l'amant secret de celle-ci !

C'est pourquoi, concernant le dialogue comique, il faut éviter l'échange de tirades qui représentent chacune un gag en soi. Je sais bien que beaucoup de petites pièces de théâtre comiques actuelles utilisent ce type de dialogues qui n'en est pas vraiment un, mais ce genre de texte s'apparente plus à une série d'histoires drôles qu'à une histoire comique. Et c'est pénible pour le spectateur !

C'est ce dont se rendent compte certains acteurs de *one man* – ou *woman* – *show* qui ont compris qu'une suite de sketchs sans véritablement de lien les uns avec les autres peut finir par ennuyer, et ce, quelle que soit la qualité de chaque sketch. Ils ont donc commencé à « scénariser » leur spectacle autour d'un fil rouge qui crée une véritable histoire au cours de laquelle s'agencent les différents moments comiques. C'était le cas par exemple du spectacle d'Anne Roumanoff « On ne nous dit pas tout ! », dans lequel elle joue un pilier de bistrot qui raconte sa vie et ses avis sur les choses de la vie.

Dans le même ordre d'idées, il faut si possible ne pas abuser du jeu de mots systématique dans le dialogue comique. S'il vient comme ça, naturellement, tant mieux. Mais si le dialogue semble « aller chercher » le jeu de mots, le lecteur le voit et du coup « décroche » de l'histoire. Molière lui-même s'est toujours servi du comique de situation. Jamais du jeu de mots ni de gag pour le gag !

Le dialogue comique n'est pas un dialogue à part et il doit suivre les mêmes règles que le dialogue tout court, c'est-à-dire faire avancer l'action. Le quiproquo, la confrontation, le non-dit, l'erreur, la parodie, la critique, l'exagération, la répétition, l'incompréhension ; tout cela nourrit le comique de situation. Pour autant, le dialogue comique peut et doit trouver sa drôlerie dans son ton même. Il doit travailler son rythme, la cassure de rythme et sa musicalité... Admirons ce passage de Molière dans *L'Avare*. Harpagon veut marier sa jeune fille, Élise, à Anselme, un vieux débris ; il y trouve bien sûr son intérêt. Devant le refus de sa fille, il prend à témoin Valère, fils inconnu d'Anselme, mais aussi amoureux secret d'Élise, pour tenter de convaincre sa fille d'épouser le père de son amoureux ! Valère tente, en feignant d'écouter les arguments d'Harpagon, de convaincre ce dernier que ce mariage n'est pas une bonne idée :

HARPAGON. – Ici, Valère. Nous t'avons élu pour nous dire qui a raison de ma fille ou de moi.

VALÈRE. – C'est vous, Monsieur, sans contredit.

HARPAGON. – Sais-tu bien de quoi nous parlons ?

VALÈRE. – Non. Mais vous ne sauriez avoir tort, et vous êtes toute raison.

HARPAGON. – Je veux ce soir lui donner pour époux un homme aussi riche que sage ; et la coquine me dit au nez qu'elle se moque de le prendre. Que dis-tu de cela ?

VALÈRE. – Ce que j'en dis ?

HARPAGON. – Oui.

VALÈRE. – Hé ! hé !

HARPAGON. – Quoi ?

VALÈRE. – Je dis que dans le fond je suis de votre sentiment ; et vous ne pouvez pas que vous n'ayez raison. Mais aussi n'a-t-elle pas tort tout à fait, et…

HARPAGON. – Comment ? Le seigneur Anselme est un parti considérable ; c'est un gentilhomme qui est noble, doux, posé, sage, et fort accommodé, et auquel il ne reste aucun enfant de son premier mariage. Saurait-elle mieux rencontrer ?

VALÈRE. – Cela est vrai. Mais elle pourrait vous dire que c'est un peu précipiter les choses, et qu'il faudrait au moins quelque temps pour voir si son inclination pourra s'accommoder avec…

HARPAGON. – C'est une occasion qu'il faut prendre vite aux cheveux. Je trouve ici un avantage qu'ailleurs je ne trouverais pas ; et il s'engage à la prendre sans dot.

VALÈRE. – Sans dot ?

HARPAGON. – Oui.

VALÈRE. – Ah ! je ne dis plus rien. Voyez-vous, voilà une raison tout à fait convaincante ; il se faut rendre à cela.

HARPAGON. – C'est pour moi une épargne considérable.

VALÈRE. – Assurément, cela ne reçoit point de contradiction. Il est vrai que votre fille vous peut représenter que le mariage est une plus grande affaire qu'on ne peut croire ; qu'il y va d'être heureux, ou malheureux, toute sa vie ; et qu'un engagement qui doit durer jusqu'à la mort, ne se doit jamais faire qu'avec de grandes précautions.

HARPAGON. – Sans dot.

VALÈRE. – Vous avez raison. Voilà qui décide tout, cela s'entend. Il y a des gens qui pourraient vous dire qu'en de telles occasions l'inclination d'une fille est une chose sans doute où l'on doit avoir de l'égard ; et que cette grande inégalité d'âge, d'humeur et de sentiments rend un mariage sujet à des accidents très fâcheux.

HARPAGON. – Sans dot.

VALÈRE. – Ah ! il n'y a pas de réplique à cela. On le sait bien. Qui diantre peut aller là-contre ? Ce n'est pas qu'il n'y ait quantité de pères qui aimeraient mieux ménager la satisfaction de leurs filles, que l'argent qu'ils pourraient donner ; qui ne les voudraient point sacrifier à l'intérêt, et chercheraient, plus que toute autre chose, à mettre dans un mariage cette douce conformité qui sans cesse y maintient l'honneur, la tranquillité, et la joie ; et que…

HARPAGON. – Sans dot.

VALÈRE. – Il est vrai. Cela ferme la bouche à tout, sans dot. Le moyen de résister à une raison comme celle-là ?

HARPAGON. (*Il regarde vers le jardin*) – Ouais. Il me semble que j'entends un chien qui aboie. N'est-ce point qu'on en voudrait à mon argent ? Ne bougez, je reviens tout à l'heure.

Voilà un petit morceau de dialogue délicieux. Fondé d'abord sur un comique de situation évident : demander, sans le savoir, au fils son avis sur le mariage de son père avec la fille dont il est lui-même amoureux ! Mais quelle forme aussi ! Ces échanges sont construits selon une musicalité sans faille. Un rythme parfois scandé. Avec ce comique de répétition du « sans dot » qui ponctue comme un coup de cymbale les parties « mélodiques » de Valère. On se rend compte aussi avec cet exemple qu'aucune tirade en soi n'est comique. C'est le traitement situationnel qui amène le comique.

La musicalité des dialogues

La musicalité des dialogues ne concerne pas que les dialogues de fictions comiques. Elle concerne tous les dialogues ! C'est bien sûr encore plus vrai pour le théâtre ou le cinéma, car dans ces deux cas, les dialogues vont être dits et leur musicalité va se faire entendre. Pourtant, il en est de même dans la fiction littéraire car, en réalité, le lecteur va se « dire » les dialogues avec sa petite voix intérieure que lui et lui seul entendra. Il faut donc travailler ses dialogues pour que le son « claque » bien, pour que la mélodie des mots s'écoule comme le doux flot d'une rivière… Il faut donc trouver les mots qui s'accordent entre eux, ou ceux qui vont trancher lorsqu'il le faut, ou ceux encore qui vont terminer la phrase abruptement ou au contraire en pente douce… La musicalité des dialogues exprime autant que les mots et les phrases eux-mêmes. Lorsqu'on emploie « affirmatif » pour signifier l'accord, on est dans l'abrupt. Lorsque, pour le même sens, on emploie « tout à fait d'accord », on est au contraire dans le complice et le doux. On choisira l'un ou l'autre selon ce que l'on veut exprimer de la situation ou du caractère du personnage qui exprime ces mots. On n'est donc pas seulement écrivain, mais aussi musicien. Car le parler est une musique en soi. Les sons et leurs accords expriment autant que le sens qui découle des phrases ainsi formées.

L'économie de dialogue

On a dit plus haut que l'on reprendrait plus techniquement cette opposition entre œuvre très ou peu dialoguée. On a rappelé qu'il existe des chefs-d'œuvre très dialogués, presque volubiles et dans lesquels l'excès de parole représente aussi un effet voulu par l'auteur, comme c'est le cas assez souvent dans les films ou les livres de Woody Allen.

Néanmoins, il faut aussi insister sur le fait que le « trop de dialogue » peut être un défaut. C'est un peu comme si on voulait tout faire dire aux personnages : expliquer ce qu'ils font, pourquoi ils le font et ce qu'ils en pensent !

Toutes ces explications anéantissent le suspense qui doit peser sur les personnages et qui fait tout le piment de l'aventure fictionnelle. Lorsque tout est dit, que peut-on encore imaginer ? Pas grand-chose, bien sûr ! C'est pourquoi, avant de se lancer à corps perdu dans la « dialoguite aiguë », il est bon de s'interroger sur l'intérêt de chaque dialogue.

Les gestes

La gestuelle peut remplacer bien des dialogues. Un geste trop brusque, par exemple, exprime mieux la préoccupation d'un personnage qu'une longue explication sur ses sentiments. Un regard noir lancé par un protagoniste parle parfois mieux que tous les mots qui pourraient l'accompagner. Un geste caressant exprimera le sentiment amoureux ; la soudaine maladresse d'un personnage, sa gêne ou son angoisse.

Ces choix narratifs créent de l'action et obligent le lecteur à « interpréter » les actions du personnage. Cette part d'incertitude crée du suspense et le désir pour le lecteur de continuer le récit pour vérifier que son interprétation est bien la bonne.

Ouvrez un livre très dialogué. Un polar actuel ou une comédie romantique ; en général, il y a pas mal de dialogues dans ce genre d'œuvres. Au début, faites un peu comme dans l'exercice qui était proposé au chapitre 2 (p. 24), mais en plus développé. Repérez un dialogue entre deux ou plusieurs personnages et essayez d'imaginer une action non dialoguée ou très peu dialoguée qui puisse remplacer le dialogue considéré. Écrivez cette action en quelques lignes et relisez le passage du livre avec votre scène à la place du dialogue. L'effet est en général saisissant. À l'inverse, vous pouvez aussi prendre une action d'un roman et imaginer un dialogue qui puisse la remplacer. Ce travail vous permet d'apprendre à jongler avec les différents types de narrations, dialogués ou non dialogués. De sorte que le choix du dialogue ou de l'action devienne pour vous un vrai choix d'auteur.

134

Chapitre 10

Les différents types de dialogues

Plusieurs types de dialogues sont couramment utilisés dans la littérature actuelle. Parmi ceux-ci, le dialogue « littéraire » est utilisé pour l'ensemble des personnages quelles que soient leurs origines sociales ou culturelles. Dans ce cas, la différence entre les personnages ne se fait pas dans le style du dialogue mais plutôt dans les descriptions comportementales et bien sûr le contenu même du dialogue. Lors d'une scène « d'ambiance », on imagine ainsi que le personnage d'un ouvrier qui discute le bout de gras avec son collègue au bar du coin n'aborde pas forcément les problématiques de la philosophie phénoménologique ou des différentes théories économiques sur l'engagement boursier international, mais plutôt les résultats du dernier match de foot ou les ennuis qu'il a rencontrés avec son chef d'atelier. Ce choix peut paraître empreint d'un certain déterminisme social et un peu caricatural, mais en fait, il ne fait que se référer à une mythologie des caractères sociaux et permet de situer rapidement un personnage.

Un autre choix que l'on rencontre est le dialogue qui utilise un langage plutôt parlé. C'est le choix de Harlan Coben dans le passage cité plus haut (p. 123). On trouve souvent un type de langage qui se situe entre le « parler » et le « littéraire ». Certains passages, notamment les passages « explicatifs », sont plutôt « littéraires » tandis que certaines expressions ou interjection sont inspirées du « parler » quotidien.

Le dialogue « réaliste »

Concernant le théâtre ou le cinéma dialogué, un certain « réalisme » moderne s'est peu ou prou imposé dans la production générale des œuvres. Au fil du temps, l'idée que la fiction doive se situer dans un réel le plus proche possible de nos vécus a prévalu. Cela a impacté directement le dialogue de fiction. Du coup, on ne peut plus « lisser » l'ensemble des dialogues sous un même style « parlé » et faire l'impasse sur le problème du style d'expression orale en fonction du personnage qui s'exprime. Ce mouvement du cinéma et du théâtre vers le « réalisme » des dialogues commence à inspirer la littérature et certains auteurs s'emparent de cette forme de dialogues dans leurs œuvres.

Pour mieux se rendre compte de l'évolution des dialogues dans les œuvres cinématographiques, je vous propose deux extraits, le premier d'un film des années 1940 et l'autre des années 1990.

Voici un extrait du film *Le Corbeau* d'Henri-Georges Clouzot réalisé en 1943. C'est un dialogue entre Pierre Fresnay et Pierre Larquey à propos du bien et du mal… C'est Pierre Fresnay qui intervient en premier :

« Enfin, mon cher, tout de même, quand vous rencontrez une mauvaise bête…

– J'en rencontre une chaque matin, dans ma glace. Accompagné d'un ange. Vous êtes formidable. Vous croyez que les gens sont tout bons ou tout mauvais. Vous croyez que le bien, c'est la lumière et que l'ombre, c'est le mal ? (*Il se met à faire balancer l'ampoule qui éclaire la pièce, faisant changer les zones d'ombre et de lumière. Il reprend.*) Mais où est l'ombre ? Où est la lumière ? Où est la frontière du mal ? Savez-vous si vous êtes du bon ou du mauvais côté ?

– Quelle littérature. Il n'y a qu'à arrêter la lampe…

– Arrêtez-la ! (*L'autre approche la main pour arrêter le balancement de l'ampoule. Mais il la retire vivement.*) Vous vous êtes brûlé ! Vous voyez, l'expérience est concluante… Tenez, je vous aime bien, je vais vous faire une confidence… (*Un moment, puis*) Je me drogue, je me pique. C'est pour moi que Marie Corbin subtilisait à la pharmacie les ampoules de morphine. »

Et voici maintenant un extrait dialogué tiré du film *Ma 6-T va craquer* de Jean-François Richet, 1996.

Une responsable d'établissement reçoit trois jeunes gens à propos d'une bagarre qui a eu lieu dans la cour. Malik, Mustapha et un troisième.

« La responsable – Bonjour. Approchez-vous. (*Ils entrent dans le bureau.*) Je suppose que vous êtes au courant de ce qu'il s'est passé à la récréation ?

Malik – Comment ?

La responsable – Malik, commence pas, OK ? (*À un autre*) Toi devant, je suppose que t'es au courant ?

Mustapha – Non, non. Rien du tout.

La responsable – Bien sûr… Et Malik non plus ?

Malik – Moi non plus.

La responsable – Mais bien sûr… (*Elle se met à leur place en imaginant leurs propos.*) On est gentils, on n'a jamais rien fait, on fait rien de mal, hein ? On est trois gentils petits garçons… C'est amusant parce qu'on vous a vus, c'est drôle !

Malik – Tous les jours on nous voit.

La responsable – Bien sûr, tous les jours on vous voit. Moi aussi je vous vois tous les jours. Je commence à être fatiguée de vos histoires (*elle s'énerve*) mais vraiment fatiguée, fatiguée, extrêmement fatiguée.

Mustapha – Mais vous allez peut-être nous expliquer pourquoi on est là, alors ?

La responsable – Absolument j'vais t'expliquer. Scott se fait écraser la figure à la cour de récréation, il a la tête en sang, on vous voit, et vous êtes au courant de rien.

Mustapha – Mais c'est tout de suite nous alors, parce qu'on nous a vus, c'est nous ?

La responsable – Oui, parce qu'on vous a vus c'est vous, c'est exactement ça, c'est ça la logique, tu vois, Mustapha : on vous a vus c'est vous !

Mustapha – C'est pas possible, on n'était pas là.

La responsable – Vous étiez pas là, oui, vous étiez où ?

Le troisième – On a commencé à dix heures et demie, madame.

Lᴀ ʀᴇsᴘᴏɴsᴀʙʟᴇ – Oui, et puis avant vous étiez où ? Dans l'autobus ?

Lᴇ ᴛʀᴏɪsɪᴇ̀ᴍᴇ – Non, on était sur le chemin de l'école.

Lᴀ ʀᴇsᴘᴏɴsᴀʙʟᴇ – Sur le chemin de l'école, tranquillement en chantant gaiement, hein ? Comme trois gentils petits garçons ?

Tᴏᴜs ᴇɴsᴇᴍʙʟᴇ – Voilà !

Lᴀ ʀᴇsᴘᴏɴsᴀʙʟᴇ – Bien sûr ! (*À l'un d'entre eux qui rigole*) Ne ris pas comme un imbécile ! Et toi non plus. Ça m'énerve, j'en peux plus de vos histoires. »

Le contraste entre les deux types de dialogues est impressionnant. Le premier est plutôt littéraire, construit, structuré, bref discursif. L'autre est très « parlé » avec ses erreurs de grammaire, ses répétitions, ses changements brusques de ton, ses éléments de phrases hachés…

De même que, dans l'ensemble, les dialogues ont souvent évolué vers un langage parlé, de même il a paru de plus en plus difficile de faire parler les différents personnages d'une fiction dans un langage similaire. En effet, comment faire parler le crieur du marché aux légumes comme le docteur en philosophie dans son salon du Ve arrondissement à Paris ? Comment imaginer que le grand bourgeois capitaine d'industrie va choisir les mêmes mots et le même ton que le « loulou de banlieue » pour s'exprimer ? Les auteurs contemporains se sont posé ces questions et ont commencé à faire parler leurs personnages selon le langage de leurs origines et de leurs conditions.

Reprenons notre position d'écrivain, observateur de la vie réelle. Installez-vous à une terrasse de café, ou à l'intérieur, s'il fait mauvais, et, discrètement muni de votre carnet d'écriture et de votre stylo (ou de votre ordinateur portable), ouvrez grand vos oreilles. Écoutez les conversations autour de vous et notez-les, telles quelles. Le but est de se rendre réellement compte de « ce qui se dit » et de la manière dont c'est dit. Les phrases qui ne se terminent pas, les interjections, les sauts du coq à l'âne, le phrasé, le style, les mots. Tout cela sera une magnifique source d'inspiration pour créer ensuite vos propres dialogues. (N'ayez pas peur d'être « repéré ». Si vous ne regardez pas les gens, ils ne se rendent pas compte que vous êtes à leur écoute.)

138

Le dialogue démonstratif

C'est un dialogue un peu « artificiel ». Parce qu'il est rare que l'on s'exprime de cette façon dans la vraie vie. Ce dialogue répond souvent plus à une respiration dans la narration, un changement de point vue narratif, qu'à un véritable échange entre les personnages. Son utilisation n'est pas à dédaigner. Ce n'est pas trop ma « tasse de thé » comme on dit, mais c'est un choix honorable qui parfois s'impose dans un style d'écrit souvent « classique ». Dans ces dialogues, chaque personnage prend position, exprime clairement et distinctement son point de vue ou le rôle qu'il pense devoir prendre dans « l'action ». C'est aussi un dialogue où le lecteur « apprend » des choses. Des éléments de compréhension ou des éléments narratifs qui font avancer l'action, sont clairement exprimés par les personnages. Souvent, ce type de dialogues concerne les échanges « officiels » que peuvent avoir les personnages : interrogatoires de police, entretiens d'embauche, dialogues entre parents d'élèves et professeur, explications avec son avocat. Ce dernier exemple correspond par exemple à cet extrait dialogué tiré du roman de Douglas Kennedy *Quitter le monde* (*Leaving the World*, Belfond 2009 pour la version française). L'héroïne principale, Jane Howard, apprend par son avocat que la société de distribution de film, Fantastic Filmworks, montée par son compagnon Théo, père de son enfant et parti depuis six mois sans laisser d'adresse, est en faillite. Et qu'elle ne reverra pas l'argent qu'elle avait investi dans cette société à la demande insistante de son compagnon. Le dialogue commence par une intervention de l'avocat.

« Quinze jours plus tard, il [l'avocat] m'a appelée à l'université. Il avait du nouveau, oui, mais rien de bon :

– Mademoiselle Howard ? Fantastic Filmworks s'est déclaré en faillite il y a trois jours.

– Je ne comprends pas.

C'était peu dire. J'étais abasourdie.

– Ils sont en faillite. La banqueroute. Le plongeon final.

– Mais comment est-ce possible ?

– Comme pour n'importe quelle compagnie ou n'importe quel individu : ils sont écrasés de dettes qu'ils ne peuvent pas payer.

– Mais pour ça, il faut qu'ils aient dépensé tous leurs avoirs ?

– C'est ce qu'ils ont fait, oui. Depuis que vous m'en avez parlé, j'ai fait des recherches sur internet… À propos, il y a encore deux ans, internet, pour moi, c'était du chinois… mais je m'égare. Donc, j'ai réuni un peu de documentation sur eux. Et hier, que vois-je dans *Daily Variety* ? Un article selon lequel Fantastic Filmworks est en cessation de paiement, avec plus d'un demi-million de dettes accumulées.

– Attendez ! Théo m'a dit qu'ils avaient des contrats de distribution pour plus d'un million de dollars !

– Le journal parlait d'un million et demi, plutôt. Le problème, c'est que le film qu'ils voulaient distribuer… Comment s'appelle-t-il déjà ?

– *Delta Kappa Gangster.*

– Voilà. Un titre qui ne s'oublie pas facilement, pourtant… Le problème, donc, c'est que Fantastic Filmworks n'a jamais eu les droits sur ce film. En d'autres termes, ils ne pouvaient pas légalement le vendre.

– C'est de la folie !

– Non. La réalité. Ils avaient des lettres d'intention signées par le réalisateur et son producteur mais, comme vous le savez, une lettre d'intention n'est qu'un accord de principe, en aucun cas un contrat en bonne et due forme. Le réalisateur et le producteur ont été approchés par une importante compagnie de distribution française, Continental Divide, qui a proposé de se charger de toutes les ventes, en échange d'une avance nette de 700 000 dollars. Le réalisateur… son nom m'échappe…

– Stuart Tompkins.

– C'est cela. Tompkins a expliqué au journaliste de *Variety* que son film a fait sensation à Cannes, il y a quelques mois. Mais comme son producteur et lui étaient déçus par les contrats que Fantastic Filmworks semblait avoir trouvés jusque-là, il a pensé que Continental Divide ne pouvait que mieux faire. Et puis il y a eu la question des dépenses de fonctionnement engagées par la compagnie de… euh… vos "associés"… »

Voilà un dialogue démonstratif dont le rôle est de prendre en charge, le temps du dialogue, la narration de l'histoire. Il s'agit là moins de faire place à un échange entre personnages que de nous informer d'éléments

140

importants dans la narration et de faire avancer l'histoire. Le narrateur aurait pu se charger de nous faire part de ces éléments. Mais il a préféré laisser ses personnages le faire. Pour rendre son récit plus vivant et, sans doute aussi, pour maintenir un certain rythme dans son histoire.

Prenez un sujet abscons, l'explication de ce que sont les *subprimes* par exemple, ou les véritables chiffres de l'immigration en France, ou le déroulement d'une arrestation avec toutes les règles de droit à respecter (utilisez Internet pour vous documenter) et traitez ce sujet sous forme de dialogue entre deux ou plusieurs personnages que vous aurez rapidement et préalablement définis. Faites le maximum pour que le dialogue soit le plus vivant possible. Inventez une situation qui justifie ce dialogue : un avocat qui a affaire à un voyou qui croit pouvoir « faire ce qu'il veut de ces bouffons de flics » pour expliquer les règles de droit d'une arrestation, ou un jeune couple de bobos ruinés par les *subprimes* et qui peinent à entendre les explications de leur banquier, etc. Le but est de vous familiariser avec le « dialogue de narration » qui vous permet parfois d'aérer efficacement votre récit.

Le dialogue « jeune »

Les enfants ou les ados ont aussi une manière spécifique de s'exprimer que des écrivains ont voulu reproduire. Voici par exemple un extrait d'un dialogue d'une pièce que j'ai écrite en 2010, *Féminitudes*, qui a notamment été jouée au Théâtre Montmartre-Galabru à Paris. C'est un dialogue entre deux jeunes filles de 14 ans qui passent en deux secondes de l'agressivité à la complicité :

« Je te regarde, moi ?

– Ouais, tu me regardes !

– Mais, j'te regarde parce que tu m'regardes ?!

– Moi aussi je te regarde parce que tu me regardes !

– Regarde-moi !? Tu te fous d'ma gueule ?

– Et toi, tu m'as regardée ? Qu'est-ce que tu dis que j'te regarde alors que tu m'regardes et que c'est pour ça que je te regarde alors que sinon je t'aurais jamais regardée ?!

« – C'est bien ce que je te dis : tu me regardes ! Et pourquoi tu me regardes ?

– Non, mais tu t'es vue ? Tu crois que moi, je vais te r'garder ?

– De toute façon ce que je regarde, ça te r'garde pas ! Je regarde ce que j'ai envie de regarder ! Et même si je te regarde parce que tu m'as regardée, ça me regarde… Et puis y a rien à voir à part toi, ici, conasse !

– Ah, d'accord ! Alors, t'as que ça à foutre à me regarder ? T'as pas d'life ?

– Mais qu'est-ce que tu parles de life, pétasse. Tu passes devant moi et tu me regardes, alors je te regarde.

(*Un temps.*)

– Arrête, tu m'gaves…

– Putain, je crois que si t'étais pas ma meilleure copine, je t'arracherais les yeux, tellement tu fais chier !

– T'es conne… (*puis*) Putain, t'as raison, on se fait grave chier ici, y a rien à foutre, dans cette life !

Soudain, un son de téléphone portable se fait entendre.

– (*Elle tripote son téléphone portable.*) Oh, putain, attends !… J'ai reçu un SMS de Fred. (*Elle lit.*) "T'es super nebo, j'te kiffe grave"… Il est bien ce Fred… Moi, je kiffe les mecs qui m'kiffent… Attends, je réponds. (*Elle pianote sur son portable en lisant ce qu'elle écrit.*) "C'est normal, je suis très très kiffable." (*À sa copine*) Hé c'est vrai merde, que je suis la plus kiffable du bahut… (*Un temps et un regard noir de l'autre*) J'veux dire. Avec toi, bien sûr…

– T'as raison, on est les meufs les plus kiffables du collège, parce que les autres… Elles sont grave chemos… »

Utilisation du verlan, abréviations de mots, gros mots et insultes intempestives, phrasé haché… Le langage est ici littéralement torturé pour correspondre aux discussions des cours de récréation.

Le dialogue décalé

C'est dans cette évolution vers un réalisme des dialogues que l'on s'est aperçu que, parfois, dans la vraie vie, nous prenions des voies détournées pour nous exprimer ou même cacher nos véritables sentiments. C'est ainsi qu'est né le dialogue « décalé ».

Le dialogue décalé est une forme très intéressante de dialogue et il est aussi le plus proche de la vie réelle. Les gens disent rarement ce qu'ils pensent ou ressentent.

La secrétaire va toujours changer de sujet lorsqu'on lui pose des questions gênantes ou va jouer la gentille idiote qui ne parle que de décoration ou de régimes minceur pour ne pas avoir à dire à son patron ce qu'elle pense de ses agissements ou de sa stratégie.

L'homme mal marié parlera de choses banales à sa femme car, depuis plusieurs années, il ne trouve pas en lui la force de lui avouer qu'il ne l'aime plus.

Abordé dans la rue par un homme mal habillé et à la mine patibulaire, on n'osera pas lui dire qu'il nous fait peur et que l'on souhaite passer son chemin. Lorsqu'il demande : « Quelle heure est-il ? », on est parfaitement capable de déclarer être désolé de ne pouvoir donner l'heure alors que l'on porte de manière très visible un bracelet-montre…

Le dialogue décalé consiste à faire comprendre au lecteur ou au spectateur ce que le personnage ressent mais qu'il n'exprime pas clairement. C'est un art qui mêle forcément la mise en scène au dialogue. Et en littérature, ce type de dialogue est souvent accompagné d'indications sur l'état d'esprit du personnage qui parle. La façon de dire est, dans ce cas, presque plus importante que ce qui est dit. Cela demande, dans le traitement de la fiction, de mêler descriptifs psychologiques du personnage et dialogues dans les bonnes proportions, afin de mettre le lecteur sur la bonne voie. Il ne faut pas être trop explicatif et donc « lourd », mais donner assez d'indications pour que le lecteur saisisse le non-dit de la séquence.

Si le dialogue direct, celui dans lequel « les choses sont dites », est immédiatement compréhensible par le lecteur, le dialogue décalé, lui, est plus complexe à saisir, bien que souvent plus « riche » de sens. Pour remédier à cette « difficulté » que présente le dialogue décalé, une des solutions est de donner à ce dernier son propre intérêt, en dehors du contexte principal de l'histoire, par exemple le rendre humoristique ou attachant.

Dans la séquence de début du film *Pulp Fiction* de Quentin Tarantino, deux malfrats vont dans un hôtel pour flinguer une bande de jeunes qui gênent les activités de leur patron, Marsellus.

Le spectateur a droit à toutes les images du déplacement, le trajet en voiture, l'arrêt du véhicule, les portes qui claquent, le trottoir, un hall d'hôtel, l'attente de l'ascenseur, l'ascenseur, les couloirs et enfin la porte. Pendant tout ce temps, le long dialogue entre les deux bandits se résume à savoir comment se traduit « Big Mac » en hollandais ou si masser les pieds d'une femme est indécent ou pas :

« Moi, je dis, quand on joue avec les allumettes, tôt ou tard, on s'brûle.

– Pourquoi tu dis ça ?

– Faut être suicidaire pour masser les pieds de la gonzesse que vient d'épouser Marsellus !

– Tu trouves pas qu'il a exagéré ?

– Il s'attendait peut-être pas à ce que Marsellus réagisse de cette façon-là, mais il s'attendait bien à une réaction.

– Il lui avait massé les pieds ! Masser les pieds, c'est que dalle ! Ma mère, je lui masse les pieds.

– Non, t'es à côté de la question, il faut bien dire qu'il a tripoté la femme de Marsellus, quand même. Alors est-ce que c'est aussi grave que s'il lui avait, je sais pas… Lécher la motte, d'accord, non. Mais enfin, quoi, c'est du même ordre.

– Oh, là, mon pote, j't'arrête. Tu déconnes. Masser les pieds et bouffer la chatte d'une gonzesse, ça fait deux !

– Qui a dit le contraire, j'te dis que c'est du même ordre !

– Tu trouves que c'est du même ordre, toi ! Écoute, peut-être que ta méthode de massage diffère de la mienne, mais je t'assure que toucher les pieds d'une fille et lui glisser la langue dans le sanctuaire des sanctuaires, c'est vraiment pas du même ordre. Et pour soutenir que c'est pareil, faut vraiment être borné. C'est vrai, masser les pieds, c'est rien du tout.

– T'en fais souvent, toi, des massages ?

– C'est une blague ?! Tu m'demandes si je fais des massages ? À moi qui suis un vrai spécialiste ?

– C'est nouveau, ça !

– Qu'est-ce que tu crois, j'ai une méthode qui est très étudiée, tu sais ! Jamais de chatouilles, ni rien.

– Et tu pourrais faire ça avec les pieds d'un homme ?

144

– (*Un temps et le rictus de l'autre*) Va chier !

– T'as bien massé des hommes ! (*Rires*)

– Vas chier, j'te dis !

– J'ai les pieds fatigués, un p'tit massage ça serait pas d'refus.

– Arrête un peu, ça m'amuse pas, tu commences à me taper sur les nerfs ! »

Une discussion philosophique pour savoir si masser les pieds d'une femme est aussi sexuel que de lui « brouter le gazon », voilà qui est assez drôle pour faire passer ce dialogue délicieusement « décalé ». Et que veut-il par ailleurs nous faire entendre dans ce film ? Que les personnages n'ont pas l'ombre d'un petit bout de conscience que ce qu'ils vont faire – dézinguer froidement et dans un flot d'hémoglobine une bande de jeunes gens dans un hôtel – est grave et relève de l'assassinat ! Ils discutent de choses et d'autres aussi simplement et de manière aussi décontractée que s'ils livraient des pizzas ! Cette séquence lance le film et son côté pastiche outrancier des romans de gare à deux balles. Un délice !

Le dialogue décalé parle à l'histoire

Comme nous venons de le voir dans l'exemple ci-dessus, le contenu du dialogue n'est pas le propos. Mais voir des gars discuter de choses aussi anodines et grotesques alors qu'ils vont dézinguer tout un tas de pauvres types dans une scène d'un *gore* peu soutenable fait en même temps sourire à contretemps et révèle l'immoralité de ces personnages que l'horreur de leur action ne trouble même plus. Évidemment, en première lecture, le scénario doit apparaître un peu étrange. On se pose la question de ce que vient faire ce dialogue, de son intérêt et de son rapport avec l'action. Il faut un certain effort d'imagination et de mise en contexte, pour ne pas dire de mise en scène, pour goûter tout le sel de ce type de scène. Si, à la place de ce dialogue, il y avait eu un dialogue en phase avec l'action, du genre de ce que pensent ces gangsters de la mission sanglante qu'on leur a donnée à accomplir, cela aurait, de prime abord, semblé plus sensé, plus construit. Et pourtant, la scène jouée aurait été en même temps plus banale, moins remarquable et moins forte, y compris pour signifier l'immoralité des personnages. Là résident en même temps l'intérêt et la mise en danger que représente, pour l'auteur, le dialogue décalé.

Essayez-vous au dialogue décalé. Imaginez un enjeu de scène simple : un homme est amoureux d'une femme et n'ose pas lui dire. Un enfant veut avouer à sa mère qu'il est accro à la drogue sans oser aborder le sujet de front. Un médecin n'ose pas dire à son malade qu'il est foutu. Et essayez un dialogue sur un sujet qui n'a en apparence rien à voir avec l'enjeu de départ, mais qui va se poursuivre de façon à faire comprendre au personnage interpellé le véritable enjeu en cause. Par exemple, l'amoureux peut parler du raffinement culinaire pour faire entendre son amour, ou l'enfant drogué tenter une métaphore sur la pollution qui rend les animaux fous (les abeilles qui se perdent, les baleines qui s'échouent), le médecin peut s'essayer à plaisanter sur La Palice (« un quart d'heure avant sa mort, il était encore en vie »)... N'hésitez pas à vous faire plaisir, à utiliser l'humour, même si l'enjeu est grave ; écrivez avec audace. Vous vous attaquez au type de dialogue le plus difficile, alors soyez aussi indulgent avec vous-même.

Les dialogues racontent autant l'histoire que la prose du narrateur

Nous avons passé beaucoup de temps sur les dialogues. Parce que la prose narrative n'est pas la seule à pouvoir « raconter » l'histoire. Le dialogue le peut aussi très facilement. Certaines fictions comportent beaucoup plus de dialogues que de prose narrative. C'est un choix. Qui peut être un très bon choix. Bien sûr, le théâtre, dont la particularité est de donner la place principale aux dialogues, raconte très souvent ses histoires par le biais des échanges entre personnages. Cependant, on peut faire de même en littérature. Raconter par les dialogues permet de quitter le monde forcément un peu « introspectif » de la narration et de donner un air de « témoignage vécu » à votre fiction. Les dialogues permettent aussi de changer de point de vue, de quitter celui du narrateur pour épouser celui de chaque personnage à qui vous donnez la parole. Ce changement de « perspective » dans la narration permet aussi de rendre l'histoire plus vivante, plus rythmée.

146

Chapitre 11

Création ou créativité?

La place de la créativité dans l'œuvre narrative

Une création est une œuvre structurée, finie. La créativité, elle, est un outil ; la faculté de créer de l'imaginaire.

La créativité est à la mode. Et comme tout concept à la mode, on le convoque à tout propos et on le vend comme la solution à tout. Il est donc nécessaire de remettre les choses en perspective, comme on dit doctement. Et de constater, avant tout, que la première qualité d'un écrivain n'est pas forcément d'être créatif à tout prix. Car si la créativité est un outil indispensable à la création, elle ne peut être une fin en soi.

Un raconteur d'histoire doit avant tout être passionnant. Et pour que l'on accroche à son histoire, celle-ci doit « résonner » en nous, nous « parler ». Elle doit être « juste ».

Mais doit-elle être absolument « créative » ? C'est-à-dire très « imaginaire » par exemple ? Oui et… non. Une histoire doit être certes « originale ». En ce sens que l'on n'ait pas l'impression, en la lisant, d'avoir « déjà entendu ça » quelque part. Mais cette originalité ne réside pas forcément dans une accumulation d'éléments très « imaginaires », très créatifs. Nous l'avons dit, une histoire est originale parce qu'elle est particulière. Mais chacun des éléments qui composent cette particularité ne doit pas pour autant être absolument « original ».

Dans *Maudit Karma*, roman de David Safier (2008, Presses de la Cité), l'histoire débute avec son héroïne, Kim Lange, animatrice de télévision opportuniste et sans scrupule qui, lors d'une cérémonie de remise de prix, va s'en griller une sur la terrasse de l'édifice dans lequel la remise a lieu.

Et là, elle reçoit en pleine poire les déchets des toilettes d'une station spatiale soviétique entrée dans l'atmosphère.

Elle est écrasée et meurt.

Vous conviendrez avec moi que la situation décrite est vraiment originale. Recevoir sur la tête un morceau de station spatiale au moment où l'on veut tranquillement se griller une clope lors d'une soirée mondaine, ça n'arrive pas tous les jours. Pour autant, les éléments narratifs qui composent cette situation, eux, ne sont pas d'une originalité folle :

– Aller sur une terrasse se griller une cigarette est une scène plutôt banale.

– Une station spatiale qui lâche ses déchets dans l'atmosphère, les infos ont cent fois parlé de ce genre de choses à chaque vol spatial américain, soviétique ou européen.

Ce qui est original, c'est d'avoir imaginé une composition possible de ces deux éléments banals qui, au départ, n'ont rien à voir entre eux. Fumer une cigarette d'un côté. Rejeter des déchets dans l'atmosphère de l'autre. À partir de ces deux éléments, l'auteur a su créer une situation originale : « L'héroïne reçoit les déchets d'une station spatiale en allant fumer une cigarette sur la terrasse. » La situation est tellement incongrue qu'elle en devient intrinsèquement comique, même si le résultat de l'action, c'est la mort de l'héroïne.

L'originalité

L'originalité d'une histoire ne tient pas forcément non plus dans l'originalité du thème traité. Raconter une histoire d'amour par exemple n'est pas, en soi, particulièrement original. Des milliers d'histoires d'amour ont été déjà racontées et des milliers d'autres seront encore racontées. On pourrait alors se demander ce que serait une histoire d'amour très originale, « créative » ? Ce serait quoi ? Une histoire d'amour incroyable, jamais vue ? Par exemple – je ne sais pas moi

– la relation amoureuse entre une femme tronc et une plante verte dotée d'étranges pouvoirs ? Après tout, c'est original et ça n'a jamais été traité ! Certes, mais est-ce pour autant intéressant ? Le particulier n'est pas forcément l'impossible, l'incroyable, l'impensable, le jamais-vu ! Et la créativité ne réside pas forcément dans l'imagination d'éléments narratifs complètement « nouveaux ». Il faut bien faire la part des choses : être original, ce n'est pas être absolument « nouveau », mais c'est plutôt être différent.

Prenons *Roméo et Juliette*, histoire qui ne cesse de passionner les lecteurs et les spectateurs. Pourtant, le pitch de ce drame sentimental de Shakespeare n'est pas particulièrement extraordinaire ! Dans l'une de mes comédies pour le théâtre, un personnage s'amusait à se moquer de ce chef-d'œuvre : « Tu prends *Roméo et Juliette*, c'est nul ! Ça tient en deux lignes. Roméo et Juliette veulent coucher ensemble mais leurs parents ne veulent pas, du coup ils meurent à la fin ! Franchement, plus con comme histoire, c'est dur ! »

Donc, qu'est-ce que la créativité ? Et de quelle créativité parle-t-on ? De celle de l'histoire ou de son traitement ? Et en quoi une histoire se doit-elle d'être originale ? Dans le fond et/ou dans la forme ? Faut-il plutôt traiter d'un sujet pertinent qui n'a pas encore été abordé ou voir les choses sous un nouvel angle, ou encore adopter un style de traitement inédit ? En fait, toutes les formes de créativité sont envisageables. Mais pour mieux cerner ces questions, il faut revenir à ce qu'est une construction « créative ».

Prenez une trame d'histoire avec un personnage que vous avez créé ou que vous avez « piqué » dans un roman ou un film. Imaginez une situation qui va pouvoir « relancer » l'histoire très librement. Essayez de trouver des situations « imprévues », « originales », sans qu'elles soient, pour autant, improbables ou délirantes. Par exemple, un grand soliste de violon à l'opéra en pleine fougue musicale est arrêté net dans sa musique par un petit chat qui traverse la scène en miaulant. Ou un conducteur en panne, tout à la réparation de son moteur, ne se rend pas compte que sa voiture se met à « flotter » à cause d'une inondation. Ces situations, parfois même douces ou

charmantes, vous permettent néanmoins de reprendre en main les cartes de votre histoire, de provoquer une césure. Le petit chat vous permet d'arrêter le concert et d'imaginer bien des suites à cette coupure inopinée. L'inondation qui est venue s'inscrire dans l'histoire du conducteur en panne sans faire de bruit vous permet d'imaginer toutes sortes de suites qui peuvent totalement faire basculer le cours de votre récit. Comme vous le voyez, ces petites situations originales et «imprévues» sont très précieuses et il faut s'entraîner à y avoir recours pour redonner du souffle à votre fiction.

L'histoire est un jeu de mécano

Une histoire peut se concevoir comme un grand jeu de mécano. Il y a au départ plein d'éléments en vrac, posés n'importe comment sur le sol. Et il va falloir commencer à choisir des éléments et à les assembler entre eux pour créer des formes nouvelles.

Le problème lorsque l'on veut se lancer dans une histoire, c'est qu'il n'existe pas de boîte de jeu comportant des tas d'« éléments narratifs » en vrac que l'on pourrait étaler sur le sol et commencer à assembler entre eux pour faire une histoire. Et c'est bien dommage !

Donc, il faut bien créer sa propre « boîte de jeu ». Il faut se donner plein d'idées écrites à la va-vite, et que l'on peut étaler devant soi pour commencer à « jouer », donc à assembler.

Fabriquer un tas d'idées éparses relève effectivement de la créativité. C'est juste un acte d'imagination pur et gratuit.

L'imagination fonctionne avec des souvenirs, des associations d'idées, l'inconscient. C'est en laissant son esprit « lâcher prise », en le laissant libre de « sortir » ce qu'il lui vient, que l'on crée de la créativité.

Jeu d'écriture

On connaît tous les fameux « cadavres exquis » inventés par les surréalistes. C'est une écriture collective. Chacun écrit un morceau de phrase qui lui passe par la tête sans connaître les morceaux de phrase des autres. Tous ces morceaux sont assemblés au hasard et cet ensemble devient un texte très original. Une variante de ce jeu consiste à écrire chacun à la suite de l'autre, en ne pouvant voir que le dernier mot de celui qui a écrit avant vous, et seulement ce dernier mot. C'est ce mot solitaire qui va stimuler l'imagination et permettre de créer la suite. Ces jeux montrent comment on peut créer de l'imaginaire sans aucune direction avec juste un mot comme « accroche ».

Pour assembler les éléments entre eux, on fait appel à une autre forme de créativité, l'imagination constructive. Celle-ci est plus « réfléchie ». Elle se sert d'éléments existants et imagine les différentes combinaisons que l'on peut faire avec ces éléments.

Enfin. C'est l'heure du choix. Ce n'est pas à proprement parler un moment « d'imagination ». Il y a peu de « créativité » dans ce travail. L'esprit va choisir en fonction de ses envies et du sens qu'il compte donner à sa création. Il va – en lui-même – se créer un discours intérieur qui « justifie » son choix à ses yeux. C'est la fameuse phase de « recoupement ». C'est parce que ces trois phases relèvent chacune d'un état d'esprit très différent qu'il faut surtout les respecter et ne pas « mélanger » les choses.

La recherche d'éléments narratifs purs demande une imagination débridée, sans direction. Vous devez laisser aller votre esprit sans contrainte, le laisser presque « divaguer ». Tout est possible lors de cette phase. Vous ne devez jamais dire non à une idée et l'incohérence de certaines idées ne doit pas poser de problème à ce stade. Il faut se laisser aller sans limite, sans cadre.

La phase d'assemblage ou de construction est un peu plus « réfléchie ». Vous devez chercher tous les « possibles possibles ». Les combinaisons que vous allez imaginer doivent alors avoir un minimum de logique ou au moins un sens, une direction. Mais vous ne devez pas non plus chercher à « finaliser » les choses, à « fermer », à « boucler » l'histoire. Vous devez laisser aller votre imagination mais avec la contrainte de produire des éléments plus complexes et qui « se tiennent ».

Enfin, la phase de choix demande clairement de la réflexion. C'est un moment où vous vous « engagez » et devez justifier de votre engagement. Tout en restant ouvert, vous devez pouvoir, à ce stade, expliquer vos propres choix.

À quel moment faire appel à la créativité ?

En fait, il faut faire appel à la créativité à chaque étape de la création. Le but est de ne pas vous « enfermer » dans l'histoire. Et à chaque stade, de laisser entrer du « sang neuf ». Et pour ce faire, il faut donc à chaque fois repasser par ces trois phases de la création : créativité pure, assemblage des différentes combinaisons possibles, choix et construction.

Créer le « canevas » de l'histoire avant de l'écrire est absolument nécessaire. Mais ce canevas est aussi la prison dorée du narrateur. Car, sur un plan séquentiel, une histoire qui tient, c'est une histoire avec un début, un milieu et une fin et des séquences qui se suivent avec logique. Oui, l'histoire ainsi construite tient la route. Mais est-elle intéressante ? Car si la « route » que tient l'histoire est une ligne droite de plusieurs kilomètres tracée dans un désert de rocaille, le lecteur risque franchement de s'ennuyer. Et l'écrivain aussi ! Lorsque tout coule de source, que tout est prévisible, où est l'intérêt ? Il existe des histoires ou des romans comme ça, dont on rêve de lire le résumé, mais sûrement pas les centaines de pages qui vont décrire par le menu des séquences dont on semble déjà connaître à l'avance le contenu.

Dans une bonne histoire, il faut des cassures. Il faut de l'imprévu.

Il faut donc d'abord savoir s'arrêter d'écrire. Refuser de partir sur une seule idée au fil de la plume et d'écrire en une seule traite quelque chose de fini, de fermé. Pensez-y. Une seule idée : c'est bien maigre pour intéresser un lecteur ! Il lui en faut bien plus ! Car lui aussi a besoin d'être bousculé. S'il sent que votre histoire est aussi prévisible que le cours d'un fleuve dans son lit, il va s'endormir ou abandonner sa lecture. À lui aussi, il faut des « cassures ». À lui aussi, il faut du sang neuf !

Une bonne manière de « casser » la logique d'une histoire une fois que les choses semblent se nouer d'elles-même est de s'arrêter et d'imaginer un événement qui vient détruire le cours prévisible des choses… Et relancer votre histoire de façon presque « brutale ».

Douglas Kennedy utilise souvent ce genre de renversement. Je pense par exemple à son roman *La Poursuite du bonheur* (*The Pursuit of Happiness* ; trad. fr. Belfond, 2001).

Sara, l'héroïne principale des trois quarts du livre, est amoureuse folle de Jack et réciproquement. Plusieurs événements vont faire que cet amour n'a jamais pu les unir dans la vie. Au moment où presque tout allait bien et où les amoureux avaient trouvé un « arrangement » possible pour développer leur relation, le frère de Sara, que cette dernière adore, est poursuivi injustement comme ancien communiste – nous sommes aux États-Unis au moment du maccarthysme – et refuse de dénoncer quiconque.

Il perd travail et respectabilité et finit par se suicider. Jack et Sara sont effondrés mais résistent à la dépression et décident de s'engager plus avant dans leur relation amoureuse. À ce stade, on se dit que la suite est prévisible : après avoir subi bien des déboires et des peines, Jack et Sara vont enfin pouvoir s'aimer !

Que nenni ! C'est le moment qu'a choisi Douglas Kennedy pour nous « balancer » une bombe nucléaire en matière de narration : Sara découvre que la personne qui avait dénoncé son frère à la commission du FBI chargée de traquer les anciens « communistes » n'est autre que… Jack lui-même, son amour de toujours. Badaboum ! Un véritable coup de tonnerre retentit et une déflagration vient changer en quelques secondes le cours de l'histoire de Sara et de Jack !

Lisez le début d'une histoire fictionnelle. Si possible une nouvelle afin que l'exercice soit plus aisé. Arrêtez votre lecture au milieu de la nouvelle. Faites un résumé factuel de ce début de lecture. Essayez de déterminer quel est le point de vue de l'auteur, la « raison » pour laquelle il a écrit cette nouvelle. Puis imaginez la suite et la fin de l'histoire en suivant les différentes étapes de la « créativité ». Phase de création libre. Détermination des différentes combinaisons qui vous semblent possibles. Recoupement

153

et choix selon la ligne directrice qui semble être celle de l'auteur d'origine. Écrivez, en résumé, votre « suite et fin ». Lisez la suite de la nouvelle écrite par l'auteur original. Comparez avec votre version et appréciez les différences.

Créativité du fond, créativité de la forme

La créativité d'une histoire ne réside pas seulement dans l'originalité des éléments narratifs qui la composent. Elle se retrouve aussi dans le point de vue, la manière de raconter cette histoire. C'est ce que l'on peut appeler l'originalité de traitement

L'originalité de traitement peut relever du point de vue du conteur, du style du narrateur, du traitement des personnages, du style des dialogues ou de l'absence de dialogues, etc. Mais cela peut aussi relever de l'inventivité en termes de contexte ou en termes de renouvellement de récits mythiques ou légendaires. Par exemple, on peut imaginer reprendre un drame de Shakespeare dans un contexte actuel.

En termes d'originalité de point de vue, certaines histoires adoptent par exemple le point de vue d'un animal qui raconte à sa façon une histoire d'hommes (visions de chiens, de chats ou de fourmis ont déjà été traitées en littérature comme au cinéma).

C'est le cas dans le roman de David Safier, *Maudit Karma*, cité plus haut.

L'héroïne, morte dès le début de l'histoire, se réincarne en différents animaux, fourmi, cochon d'Inde, vache, chien, etc. Et c'est sous ses différentes formes et avec la vision et le vécu de ces différents animaux qu'elle voit la vie de son ancienne famille évoluer. Elle va voir son ancienne « meilleure amie », Nina, prendre sa place auprès de son ex-mari et de sa fille. Rien d'original dans cette histoire de famille.

Mais voir une fourmi ou un cochon d'Inde essayer de s'interposer entre Nina, sa fille et l'homme qui fut son mari, ça, c'est totalement inédit et plutôt jubilatoire.

Concernant l'originalité de traitement, certains romans ou films ont adopté des « figures » radicales.

Le film *Le Neg'* du Canadien Robert Morin, que j'ai eu l'opportunité de sortir en salles de cinéma en France sous le titre *Petits Meurtres d'Amériques,* raconte une histoire de meurtre uniquement par le biais de « témoignages » partiels et incomplets, dont certains se révèlent en partie faux ou cachent une partie de la vérité, gênante pour les témoins en question. Le spectateur doit reconstruire lui-même la complexe et triste vérité de la même manière qu'un enquêteur, en faisant la part des choses et en essayant de reconstituer les faits avec les « bribes incertaines » des dépositions des uns et des autres.

Concernant toujours le traitement, on peut être sec, factuel, ou à l'inverse sirupeux et roublard. On peut aller à l'essentiel ou aimer perdre son lecteur ou son spectateur dans des impasses… Avant de le tirer par le col de la chemise et, *in extremis,* de le remettre sur le bon chemin, etc. Tout est possible. Et c'est la particularité de ces « possibles » qui fait l'originalité du propos.

Créativité et intention de l'auteur

Intention et narration entretiennent entre eux une dialectique complexe qui laisse beaucoup de liberté à l'auteur. La créativité est un outil majeur qui permet de dépasser les contradictions qu'il peut y avoir entre le cours de l'histoire et le sens que vous voulez lui donner. La créativité permet d'aller chercher librement, dans le vaste univers de votre imagination, des éléments imprévus qui vont vous permettre de vous « déplacer » dans l'histoire, de changer de point de vue. Mais il vous faut aussi « retomber sur vos pieds » et retrouver votre ligne directrice.

Bouleverser les choses sert parfois à les révéler. Imaginez une famille sans problème. Un couple qui s'entend plutôt bien, avec des hauts et des bas. Des enfants parfois un peu retors, mais rien de bien méchant. Impossible d'en dire plus sur ces gens-là, car le confort de leur vie leur permet de montrer une apparence d'eux-mêmes qui n'est jamais mise à l'épreuve. Imaginez alors qu'un drame survient. Chaque personnage de la famille va être mis au pied du mur. Les actions des uns et des autres, bonnes ou mauvaises, vont révéler leurs personnalités. Dans cette situation nouvelle, le narrateur va pouvoir être plus direct, plus structuré par rapport à son intention, ce pourquoi il raconte cette histoire. C'est ainsi. « Secouer » une histoire à coups de créativité peut la rendre plus confuse ou plus claire.

Bousculer une histoire ne doit pas pour autant lui faire perdre sa direction, sons sens.

Si l'on reprend le roman de Douglas Kennedy précédemment cité *La Poursuite du bonheur*, on se rend compte, à la fin du roman, que tous les événements qui sont venus briser le cours des choses et l'histoire des personnages poursuivent un but essentiel : défendre le pardon. Donner de la chair à cette action humaine si rare qui est celle de pardonner.

Et Douglas Kennedy défend le pardon en acte, non en parole. La fin du roman (que je ne vous raconte pas pour que ceux qui ne connaissent pas le livre trouvent encore un intérêt à sa lecture !), c'est l'apogée de cet esprit de pardon. La deuxième héroïne du roman fait une dernière action qui signe son acte de pardon. Il y a bien dans ce roman, pourtant touffu et secoué par les événements imprévus, une ligne directrice claire : si notre vie est imprévisible, le pardon peut lui donner un sens.

Les techniques de créativité

Il faut bien à un moment donné parler de ces fameuses « techniques de créativité ». Nous nous y sommes parfois référés en cours d'ouvrage en en dévoilant quelques mécanismes. Il est temps de faire un point sur ces techniques.

Ces techniques permettent de créer des idées en grande quantité et de ne pas s'arrêter à votre première inspiration. On a en effet trop souvent tendance à regarder sa première idée comme le génial produit de son imagination et de s'en tenir à ce premier jet en rejetant toute autre proposition. Or, dans la réalité, vous êtes capable de créer des milliers d'idées différentes, chacune avec leurs qualités propres. En fournissant ainsi de l'imagination en grande quantité, vous allez pouvoir ensuite « faire votre marché » et choisir le meilleur de votre production.

La première « règle » en matière de créativité est de ne pas rester sur sa première idée et de s'obliger à en concevoir d'autres, beaucoup d'autres, si possible. Cela permet en même temps de ne pas « sacraliser » vos premiers jets et de vous laisser un large choix. Car créer ce n'est pas « avoir une idée », mais pouvoir choisir la bonne. Les idées n'ont pas de valeur en soi. Elles ne prennent de la valeur que lorsqu'elles viennent s'intégrer à votre architecture fictionnelle et participent à donner du « sens » à votre histoire.

Petit historique des techniques de créativité

À la base, il y avait des techniques de marketing dit « qualitatif » et surnommées « techniques projectives ». Le problème était le suivant : les marketeurs ont assez vite vu les limites du marketing quantitatif, consistant principalement en sondages sur les envies et désirs des consommateurs. Les sondés répondent en effet selon l'image sociale qu'ils souhaitent donner d'eux-mêmes et non selon ce qu'ils font réellement. À les écouter, ils regardent, dans une écrasante majorité, toutes les émissions télévisuelles culturelles et scientifiques et jamais les divertissements affligeants que les chaîne s'évertuent à programmer ! De même, aucun homme ne lit ni n'achète de revues érotiques (dont ils ne connaissent d'ailleurs pas les titres) et aucune femme ne craque pour une pizza dégoulinante d'huile d'olive. Comme, dans la réalité, les émissions culturelles ne font pas d'audimat, au contraire des divertissements les plus imbéciles, et que les revues érotiques comme les pizzas se vendent comme des petits pains, nos marketeurs se sont dit que, si les sondages indiquaient bien la valeur « sociale » des choses, ils ne représentaient pas les outils idéaux pour savoir ce que les gens faisaient et consommaient réellement.

On a donc fait appel à ce qu'on appelle des techniques projectives pour savoir la vérité. On ne va donc pas demander à quelqu'un s'il regarde ou non des *reality shows* débiles mais on lui demande d'imaginer le genre de personne qui regarde ces émissions. Une fois que l'on a le portrait imaginaire de ce spectateur (ce qui déjà renseigne sur ce que les gens pensent de ces émissions), on va demander à nos participants comment se comporte ce spectateur imaginé, ce qu'il aime, ce qu'il pense de telle ou telle émission ou comment il aimerait voir évoluer telle ou telle autre. Ainsi, libéré de la question de son adhésion personnelle à tel ou tel produit et au « marquage » social qu'il représente, le participant va pouvoir délivrer ce qu'il pense vraiment du produit en question, en se « projetant » dans le personnage imaginaire que l'on a créé avec lui.

Comme vous le voyez, et sans le faire exprès, les créateurs de ces techniques projectives se sont déjà placés dans la fiction.

Des techniques projectives à la création

Ces études projectives ont servi avant tout à explorer le comportement des consommateurs ou à se rendre compte de l'image qu'avait tel ou tel produit aux yeux de ces mêmes consommateurs. Mais très vite, les marketeurs ont voulu, en amont, créer des « idées » de produits, des « images », des slogans, des noms de marques. Il a donc fallu faire appel cette fois à la créativité pure. C'est pourquoi, en s'inspirant des techniques projectives, d'autres techniques ont été conçues, travaillant plus purement sur l'imagination. Et ces techniques peuvent évidemment servir à créer de l'imagination dans des domaines très différents, comme celui de l'écriture de fiction.

Il s'agit de techniques d'associations d'idées, souvent en travail de groupe, avec quelques règles simples mais primordiales : ne jamais se poser la question de la crédibilité d'une idée (peu importe, une idée non crédible peut faire penser à une autre qui, elle, sera intéressante). Ne jamais dire « non » ou refuser une idée pour en proposer une autre. Bien sûr, les premières idées sont les plus courantes, les plus « clichés ». Il est nécessaire de passer par cette « purge » des premières idées pour arriver aux idées intéressantes ou aux associations plus personnelles.

Séances de création de personnages de fiction

Nous avons abordé succinctement cette technique de création de personnages au chapitre 6 du présent ouvrage. Exposons maintenant cette méthode de travail dans le détail.

Lorsque nous avons, avec quelques partenaires de plume, commencé à travailler sur les techniques de créativité pour des projets concrets d'écriture, nous avons dû adapter ces techniques à notre travail. Je vous propose, le plus simplement du monde, de vous décrire la méthode et le déroulement de ces séances.

Nous avons commencé à travailler en groupe, mais on peut tout à fait suivre la même méthode en solo.

Pour adapter les techniques de créativité à l'écriture, on a d'abord joué sur l'aspect « projectif » des choses. Ces techniques, créées au départ pour le marketing, partent d'une situation – aimer tel produit ou telle émission, par exemple – pour imaginer le personnage qui va avec.

Pour l'écriture, nous avons tout simplement imaginé de faire l'inverse : on va prendre l'image d'un personnage et imaginer qui il est et ce qu'il fait.

Au début, on obtient autant de situations crédibles que de délirantes, dans le genre : « C'est un Vénusien venu sur Terre pour apprendre la couture. Son père est un lézard d'Andromède que sa mère a rencontré dans un bar de Bretagne, etc. » Ou : « C'est un chevalier templier rescapé des tueries qui est devenu banquier. Il est immortel et prend des visages différents selon la personne qu'il rencontre… » Le délirant est aussi une forme de purge. Il correspond à un besoin de vérifier que l'on est capable d'aller « très loin » dans notre imaginaire. Par la suite, le mécanisme d'association prend sa bonne voie, et on arrive à « lire » véritablement sur le visage de notre « cobaye » la construction de notre personnage imaginaire.

L'idéal est de travailler avec des photos. Il faut faire attention à ce que l'image ou la photo représente bien sûr une personne que vous ne connaissez pas dans un contexte qui ne soit pas immédiatement repérable ni trop précis. Notamment pas de contexte historique évident

– cela empêche de « voyager dans le temps » – ou de contexte géographique repérable – cela gêne le voyage dans l'espace. L'idéal, c'est le pur portrait.

> Découpez la photo d'un ou d'un(e) inconnu(e) dans une revue ou un journal. Regardez ce portrait « dans les yeux » et, porté par cette image, imaginez sa vie en vous posant des questions simples : à quelle époque et où vit-il ? Quelle est sa famille ? Que fait-il ? Travaille-t-il ? Quel est son métier ? Que pensait-il au moment de la photo ? Que s'est-il passé avant et après la photo ? Etc. Bien sûr, donnez plusieurs réponses à chaque question. Et comme on l'a dit plus haut, ne vous arrêtez pas sur les incohérences, les incompatibilités ou autre. Votre personnage peut très bien vivre au Moyen Âge et conduire une Porsche pour se rendre à son travail sur la Lune ! Peu importe. Lâchez-vous et « balancez » tout ce qu'il vous vient à l'esprit. Notez, ou mieux, faites noter succinctement vos idées. Ou, si vous n'avez personne, enregistrez-vous… Vous allez constater que l'association d'idées à partir d'une image permet de créer des personnages très riches et souvent originaux. Et certaines pistes de personnages ainsi créées pourront même être le départ d'une idée d'histoire…

Séances de création de situations fictionnelles

Deuxième type de séances de créativité qui, elles, consistent à se donner des « situations possibles », les plus créatives possible. Pour ce faire, nous décrivons une situation précise à un moment donné, une situation assez particulière pour en suggérer d'autres. Par exemple celle-ci, qui a servi plusieurs fois d'« entraînement » : « Une femme, dans un train, pleure toute seule. »

On cherche ensuite à imaginer ce qu'il s'est passé avant et ce qu'il va se passer après ce moment. Encore une fois, il s'agit d'inventer beaucoup de situations différentes sans se préoccuper de crédibilité ni d'opposition d'une idée par rapport à une autre. Ne jamais dire NON à une idée. D'ailleurs, ne jamais dire NON. Durant ces phases de créativité, ce mot est interdit. Imaginons quelques exemples pour les situations d'avant :

Cette femme pleure parce qu'elle a perdu sa bague de fiançailles.

Cette femme vient de respirer un gaz toxique.

Cette femme vient de se rendre compte qu'elle s'est trompée de train.

Elle vient d'apprendre qu'elle a une grave maladie.

Elle n'a plus de bonbons et elle adore les bonbons.

Etc.

Pour les situations « d'après » :

Elle va s'enfermer dans un couvent.

Elle va assassiner le conducteur du train.

Elle va rejoindre son amant.

Elle part à la guerre. Ou dans un pays inconnu et pour toujours.

Elle va partir dans un grand rire.

Etc.

En combinant par la suite une situation antérieure et une situation postérieure à la situation de départ, on obtient déjà un « canevas » fictionnel. Par exemple : « Cette femme vient de se rendre compte qu'elle s'est trompée de train » et « Elle va rejoindre son amant. » Vous pouvez alors imaginer ce qu'elle va faire, comment va réagir son amant, etc. Par un simple jeu de « mécano créatif » on a les prémices d'une histoire originale.

Promenez-vous dans la rue et repérez une situation « particulière », composée d'au moins deux éléments d'action (deux actions qui se confrontent créent plus facilement un contexte fictionnel). Par exemple : « Une femme a du mal à mettre son bébé dans sa poussette tandis que son téléphone portable sonne » ou « Un homme lave sa voiture quand, tout à coup, un enfant court vers lui. » À partir de ce contexte de départ, imaginez, comme décrit plus haut, des situations « d'avant » et des situations « d'après ». Mariez-les entre elles et commencez à construire des « morceaux d'histoires ».

Pourquoi se servir de techniques de créativité ?

C'est vrai, on pourrait se dire que nous avons « naturellement » des idées et que notre imagination n'a pas besoin de techniques pour fonctionner !

Mais en réalité, trop souvent dans notre vie, nous cherchons à être, ou devons être cohérents, rationnels, sérieux. Comme on est très souvent « jugé » par les autres sur la pertinence de ce que l'on avance, on avance prudemment, sans éclat ni démesure. Nos idées comme nos paroles doivent être « solides », « pragmatiques », « justifiées ». Exactement l'inverse de ce qu'il faut pour être créatif et se donner de l'imaginaire !

Il est bien sûr normal que dans la vie, vous soyez en permanence en « contrôle » de vous-même. Vous ne pouvez pas déclarer tout de go à votre patron qu'il vous fait penser à un canard lubrique ou à un client qu'il ressemble à un hippopotame ! On vous prendrait au mieux pour un dingue, au pire pour un pauvre type ou un salaud ! C'est pourquoi ces séances de créativité sont salutaires car elles vous apprennent à lâcher votre imagination sur commande. Et l'imagination, tout comme l'écriture, se travaille ! Plus vous entraînerez votre esprit à imaginer en toute liberté, plus il deviendra productif en quantité comme en qualité.

Comment utiliser concrètement les techniques de créativité dans son travail d'écriture

Ces techniques de créativité ouvrent votre champ des possibles, élargissent votre angle de vision des choses, et ce n'est pas rien.

Vous pouvez vous servir de ces différentes techniques tout simplement comme exercices. Cela vous permet d'entraîner votre imagination et votre capacité d'association d'idées.

Cela vous montre aussi que rien n'est figé et que tout est imaginable. Et que vous pouvez fournir toutes sortes d'idées très différentes : des banales, des tarabiscotées, des délirantes, des sérieuses, des tristes, des dégoûtantes, des belles, des insouciantes, des marrantes, des sincères, des perverses…

Encore plus concrètement, ces exercices vous habituent à concevoir les idées comme un simple « matériel » fictionnel et non pas comme un « élément intime » de votre psyché. Il n'y a rien d'intime dans une idée. Bien au contraire. La plupart du temps, les idées viennent du fatras de choses que notre mémoire a enregistrées au hasard et parfois transformées.

Ces techniques vont aussi vous servir très concrètement à construire des personnages principaux ou secondaires originaux. Mais aussi à imaginer des situations nouvelles qui vont permettre à votre histoire de se développer.

Petit exercice amusant. Prenez un roman que vous n'avez pas encore lu et lisez au hasard un chapitre ou une seule scène de ce chapitre, s'il en comporte plusieurs. Imaginez ensuite des situations «associées» qui se seraient passées avant la scène que vous avez lue, et qui pourraient se passer après cette dernière. Choisissez-en au moins cinq antérieures et cinq postérieures à la scène originale et décrivez-les succinctement. Lisez ensuite les passages antérieurs et postérieurs à cette scène dans le livre et comparez avec vos scènes imaginées. Vous découvrirez sans doute des déroulements similaires et d'autres très différents de l'histoire de départ.

Toutes ces techniques, vous l'avez compris, servent à arrêter le cours de votre histoire et à organiser votre recherche de nouveaux éléments narratifs qui vont pouvoir enrichir l'histoire. Il s'agit de méthodes simples pour faire marcher la machine à imaginaire. Encore une fois, rappelez-vous que l'écrivain doit se servir, tour à tour, de ses deux cerveaux. Le cerveau droit qui fournit de la création, de l'émotion et du rêve, et le cerveau gauche qui choisit, analyse, construit. On ne peut pas les faire marcher en même temps. Il faut savoir piloter à droite lors des séances de créativité et rouler à gauche lors des phases de choix, de recoupement et de construction.

Chapitre 12

Le rapport entre auteur et lecteur

Ça y est. Je vous ai convaincu. Vous avez décidé d'écrire. Vous vous apprêtez à fermer ce livre et à ouvrir votre ordinateur. Mais au fait, quelles sont vos véritables motivations pour écrire ? Et pour quel lecteur allez-vous écrire ? Une petite introspection avant de jouer du clavier n'est pas inutile…

Quel genre d'écrivain allez-vous être ?

Il est intéressant de se poser cette question avant d'écrire. Et pour pouvoir y répondre, il faut se poser la question des motivations profondes qui nous poussent à écrire. Il y a bien sûr de bonnes et de mauvaises raisons d'écrire. Mais si certaines « mauvaises raisons » amènent effectivement de « mauvais écrits », d'autres raisons peu avouables débouchent néanmoins sur des textes intéressants. Admirateur d'une aristocratie sur le déclin et vindicatif à l'égard d'une bourgeoisie qui ne l'a jamais complètement accepté dans ses rangs, Honoré de Balzac s'est fait le critique acerbe de cette catégorie sociale conquérante. À tel point que ce conservateur sans doute avide de reconnaissance fut néanmoins admiré par Marx et Engels ! Eh bien tant mieux ! Car les romans de Balzac restent avant tout des chefs-d'œuvre de l'exploration de l'âme humaine et du fonctionnement des « corps sociaux ». Donc, s'il est important de vous poser la question de ce pour quoi vous écrivez, soyez sincère avec vous-même, mais aussi indulgent face à vos raisons profondes d'écrire.

Avant d'aller plus loin dans cette petite introspection personnelle, on peut déjà imaginer quelles « grandes raisons » il y aurait à écrire.

Pour être lu ? Réponse trop générale et un peu « faux cul ». En fait, on ne sait jamais si on est lu ni par qui. Lorsqu'on est édité, on a juste le chiffre de vente de ses livres. Mais nous n'avons jamais vraiment de retour des lecteurs, sauf lors de quelques présentations publiques. Et en général, ces échanges sont souvent quelque peu convenus. Trop convenus, pour parler d'un véritable échange d'égal à égal. Et puis nombre de lecteurs se satisfont de leur relation à votre livre sans avoir envie plus que cela d'échanger avec le véritable auteur, en chair et en os. Car, en lisant une fiction, on ne peut s'empêcher de se faire sa propre image du personnage de l'auteur, image que l'on n'a pas forcément envie de confronter à la réalité.

Pour régler ses comptes avec la vie ou « faire sa psychanalyse ». C'est vrai pour certains. Les autofictions sont très à la mode. Mais la fiction pure n'est pas idéale pour régler ses comptes avec la vie. Et les personnages de vos fictions sont censés ne pas se préoccuper des ressentiments de l'auteur ! D'accord, vous allez me dire que Balzac que je viens de citer, justement… Mais Balzac a su « transcender » son ressentiment social pour livrer sa véritable vision des hommes et des femmes de son époque. Il a su ne pas se prendre pour sujet, ni lui ni un personnage qui lui ressemblerait.

Pour laisser une trace, une marque de son propre univers ? C'est une raison qui peut s'entendre. L'idée que dans plusieurs siècles, quelqu'un ouvrira le livre, le scénario ou la pièce de théâtre que l'on a écrit est une façon d'exister pour des inconnus, même après leur mort… C'est une manière de lutter contre sa propre disparition et de tenter de prolonger sa présence en ce monde.

Pour transmettre sa vision des choses, sa philosophie intime de la vie. C'est une vraie raison également. On a tous un « fonctionnement interne » souvent assez éloigné de notre comportement en société, majoritairement dicté par des conventions sociales et morales. On ne fait que rarement état auprès des autres, par exemple, de notre véritable relation au désir et à l'amour, ou de notre conception de l'autre. Parce que souvent, ce n'est pas avouable ! Dans la fiction et à travers nos personnages de fiction, on peut faire passer un peu de cette intimité de notre vie intérieure. On retrouve l'aspect « projection » qu'offre la fiction : il peut m'être difficile de vous avouer telle ou telle chose de moi, mais mes personnages, eux, peuvent aborder ces choses !

Pour le plaisir. Le plaisir de raconter des histoires comme le plaisir d'écrire. Bonne raison. Et bien réelle. Lorsqu'on aime écrire des histoires, il y a un vrai bonheur à imaginer des personnages et leur faire vivre des « aventures ». Un vrai bonheur de créer d'autres vies que la sienne et d'en partager les fruits avec des lecteurs potentiels. Un vrai bonheur de voir les mots s'agencer sous la plume, ou le clavier, et devenir des images, des idées, de la vie humaine ! Cette création de mondes virtuels à partir d'une page blanche a quelque chose de divin. Au début, seul l'esprit plane au-dessus de la feuille. « Et l'écrivain dit : J'appellerai ce paysage que je viens de vous décrire le jardin du héros. Et le héros de mon histoire s'appellera… » Soyons clair : écrire est aussi une manière de se prendre un peu pour un dieu ! Et ça fait aussi du bien à l'ego d'être le père d'un nouveau monde imaginaire, le créateur d'un peuple de personnages qui n'existent que par vous.

Il y a sans doute d'autres raisons d'écrire, et chacun a la sienne. Les écrivains sont en général assez honnêtes dans leur façon de dévoiler les vraies raisons qui les poussent à écrire. Jules Renard avait une belle phrase concernant l'écriture :

« Écrire, c'est une façon de parler sans être interrompu. »

Lajos Egri, journaliste américain, écrivain de théâtre et scénariste, a aussi écrit un certain nombre d'ouvrages sur l'art de l'écriture. Dans *The Art of Creative Writing* (1965, Citadel Press), avec beaucoup d'humour, il trace un portrait sans concession de lui-même et de « ses raisons » de s'exprimer (comme le livre n'a pas été édité en France, je vous livre ma traduction personnelle qui reste ce qu'elle est) :

« Je suis avide, égoïste et jaloux, et j'essaie désespérément d'être aimé de tous.

Je pense nuit et jour à la manière de me rendre intéressant et à pousser les gens à ne penser que du bien de moi. Je suis désolé de le dire, mais je veux toujours avoir raison.

J'en suis venu à la conclusion que tout ce que je veux dire, je le fais pour deux raisons :

– créer de la sympathie autour de ma personne ;

– montrer comment je suis "important". »

Amusez-vous un peu et tentez de faire votre autoportrait d'écrivain. Imaginez une scène de famille, ou une discussion avec votre pire ennemi sur le sujet. Ou une discussion avec des gamins de sept ans, incapables de comprendre votre discours. Ou au supermarché avec une caissière qui se fout de votre problème. Moquez-vous de vous et n'hésitez pas à faire dans l'humour grinçant, voire trash. On apprend plusieurs choses à faire cet exercice: prendre de la distance avec soi-même, accepter de se moquer de soi-même et... il n'est pas rare qu'il sorte quelques vérités cachées de ce genre d'expérience!

Écrire, c'est se livrer à un inconnu

Il est vrai qu'écrire est un phénomène très particulier. On ne peut pas écrire pour soi-même, mis à part pour prendre des notes ou se « défouler » en écrivant ce que l'on n'a pas pu exprimer dans la vie réelle.

On écrit donc pour un lecteur qu'on ne connaît pas, mais avec qui, pourtant, on va échanger des choses très personnelles, très intimes. Et ce, même dans le cas de la fiction.

Car, même si, dans la fiction, vous n'êtes pas directement impliqué, tout vient néanmoins de vous. Et le lecteur en est conscient. Vous livrez à cet inconnu votre façon de voir, de concevoir votre relation aux autres, votre façon de penser, de vivre l'intime. Dans vos écrits, souvent, votre pensée est à nu. Dépouillée de cette apparence sociale et morale qu'elle revêt en société.

Ainsi, vous vous exposez au jugement des autres. Vous vous livrez à votre lecteur sans pouvoir jamais bénéficier de son retour. Vous vous exposez à son jugement sans en avoir jamais connaissance. Car l'écriture est une conversation solitaire avec un inconnu. Et le lecteur est complice de cet échange. C'est aussi cela qu'il vient chercher en vous lisant : la vérité toute nue de votre pensée la plus intime !

C'est pourquoi, pour écrire de la « bonne fiction », il vous faut accepter de vous livrer sans détour au lecteur qui va vous lire. Si vous avez quelques réticences à dévoiler le plus profond de votre âme à des lecteurs inconnus, vos écrits risquent de rester sans saveur ni personnalité, traitant seulement de la surface des choses et des êtres, sans jamais parler « de l'intérieur ».

Or le lecteur veut ressentir cette nudité de l'âme dans vos propos. La lecture est un dialogue silencieux avec un auteur. Un dialogue forcément intime puisqu'il ne s'échange que par l'esprit.

C'est un point important. Je me souviens d'une conversation avec une jeune fille qui écrivait un roman d'aventure de type saga. Elle en était déjà à cinq cents pages, et était donc très avancée dans son histoire. Mais elle était terrorisée à l'idée d'être lue ! Pourtant, elle envisageait d'être éditée. Mais elle n'arrivait pas à dépasser cette contradiction.

Écrire, c'est se livrer à l'autre. Et il faut l'accepter avant d'écrire, ne serait-ce que pour être libre d'aller au bout de son imagination et de son écriture.

Pourquoi le lecteur vous lit-il ?

Pour se distraire. Sans doute. La lecture de fiction est un moyen d'échapper à son réel et de vivre d'autres vies que la sienne ; nous l'avons dit.

Pour apprendre aussi de ces autres vies. Pour vivre de l'intérieur d'autres humanités que la sienne. Car il n'y a que dans la fiction que ces humanités – et celle de l'auteur aussi – se livrent dans l'intimité de leur être. Il y a quelque chose de « secret » dans le rapport écrivain/lecteur, cette complicité silencieuse qui permet de partager les pensées les plus personnelles. Et ce, sans témoin. Car ni l'un ni l'autre ne se connaissent, ni ne se voient.

Souvent, les personnes qui portent un « secret de vie » difficile à exprimer se mettent à le partager avec un inconnu. Parce qu'au fond, c'est beaucoup plus facile. On a besoin de dire son secret à quelqu'un, et le dire à un inconnu protège des répercussions de cet aveu dans sa propre vie. L'inconnu n'interviendra pas dans votre vie, ne confiera pas vos confessions à vos amis et connaissances. Il ne vous connaît pas et vous ne le rencontrerez jamais. Il y a un peu de ça dans la relation auteur/lecteur. Une complicité incroyablement intime entre deux inconnus.

Cette complicité, l'écrivain doit la construire immédiatement avec son lecteur. Dès les premières lignes. Il doit imaginer son lecteur comme un ami intime et s'adresser à lui comme tel. Même si votre style de narration amène une certaine distance, une retenue dans l'écriture. Cette « posture » de style doit apparaître comme une entente avec le lecteur pour le bien du récit. Le lecteur adhère ou n'adhère pas à votre offre de complicité, mais c'est à l'écrivain de faire le premier pas. Impossible de vous dire : « J'écris ce que j'ai à écrire ; au lecteur de me suivre ou pas ! » Vous ne seriez plus dans la complicité mais dans le rapport de force. Et personne ne lit sous la menace. Sauf ces pauvres élèves qu'on oblige à lire et qui lisent des pages et des pages, sans que leur esprit s'attache à aucun mot.

Pour mieux comprendre la relation entre l'auteur et son lecteur, il est intéressant de voir comment certains écrivains la définissent. Voici un extrait d'un texte de Jean-Michel Maulpoix concernant la lecture :

« Si l'écrivain est un hôte, son livre est alors comme une chambre d'ami où l'on vous accueille pour la nuit, ou comme une simple chambre d'hôtel, apparemment vide, mais toute pleine en vérité de la mémoire de ceux qui sont venus y dormir avant vous. Cette mémoire, c'est l'imaginaire même de l'auteur, réveillé par l'imaginaire du lecteur, venant se mélanger et se confronter à lui. Pour comprendre cela, il faudrait imaginer une banale chambre d'hôtel de province, où le sommeil aurait la vertu de faire réapparaître les songes de tous ceux qui se sont couchés là avant vous. Comme si vous parveniez à faire sortir d'un lit la mémoire des corps qui s'y sont endormis, et du papier peint collé sur les murs celle des regards qui l'ont observé. (Marcel Proust a écrit à ce sujet une très belle page.) La lecture est cette chambre dans laquelle on viendrait à la rencontre de la vie même, en perdant ses propres repères et en mélangeant un moment ses pensées à celles de personnes inconnues. Ainsi est-elle une sorte de "libre promiscuité". Elle donne accès à une vie nue et toute secrète, elle conduit à se confier les uns aux autres des êtres qui pourtant ne se connaissent ni ne se voient. »

C'est un beau texte pour finir ce chapitre…

Pour finir

J'espère que cet ouvrage aura répondu à vos questions et vous aura donné envie de continuer ou de commencer à écrire de la fiction.

J'espère aussi qu'il vous aura aussi permis de voir la fiction autrement que comme la simple « expression » de l'auteur. La culture française a beaucoup développé, et parfois sanctifié, ce « point de vue de l'auteur ». Au point parfois d'oublier qu'on écrit aussi pour s'amuser à inventer des histoires, pour le plaisir de raconter, et qu'on lit également pour se divertir.

En France, on a du mal, parfois, avec ce mot « divertir » qui est souvent prononcé avec un peu de mépris dans la voix. Comme si la « culture » était une chose trop sérieuse pour s'amuser à vous distraire. Pourtant, divertir, c'est détourner quelqu'un de son monde personnel, pour l'emmener dans un autre univers. Et c'est bien ce que fait la fiction. À vous, écrivain, de faire que l'histoire dans laquelle vous avez décidé de plonger le lecteur ou le spectateur en vaille la peine !

Pensez que la fiction est un univers qui s'invente et s'agrandit à chaque fois qu'un auteur y apporte sa vision et son imaginaire. À vous d'apporter votre opus à cet univers de créativité et de diversité.

Si vous êtes allé jusqu'au bout de ce livre, vous en êtes convaincu (sinon, c'est que j'ai tout raté !) : écrire s'apprend. Certains « exercices » d'écriture sont d'un abord très aisé et relèvent du désir et du simple bon sens. D'autres relèvent du bon dosage des choses et de l'harmonie entre éléments de nature différente. Ce qui demande donc de la pratique.

Il y a aussi quelque chose que je voudrais vous faire partager : le plaisir, la jubilation de sentir venir en soi l'aisance d'écrire. Dans ma vie, j'ai parfois passé des heures à remanier, corriger, transformer un texte ou même un simple paragraphe. Réfléchir à la place et la pertinence de chaque mot, se demander si telle ou telle chose valait le coup d'être écrite, ou si telle ou telle phrase devait passer avant ou après telle ou telle autre. Dans ces moments-là, on se dit qu'on ne deviendra jamais l'écrivain que l'on rêve d'être.

Et puis parfois, on se prend à aligner les mots d'un seul trait, à trouver sans réfléchir la phrase juste ou la bonne tournure, à visualiser dans sa tête le bon agencement, celui qui va instinctivement donner le « bon ton ».

C'est l'aisance. C'est tout ce que vous avez appris et intégré au cours de tous vos essais et tentatives et qui ressort d'un coup, dans l'instinct et dans l'instant ! Comme si l'écriture devenait immanente à vous-même.

Vous verrez aussi que l'écriture est un art unique. Si vous savez écrire de la fiction, vous savez écrire. Tout écrire. Car, même si nous distinguons des centaines de formes d'écritures différentes, comme l'écriture documentaire, philosophique ou technique, toutes relèvent des mêmes règles de base ; toutes relèvent du phénomène du narrateur qui raconte quelque chose.

C'est à vous maintenant. À vous d'écrire. J'ai fait ma part, à vous de prendre le relais. Mais je ne résiste pas, néanmoins, à une dernière citation délicieuse ; la dernière ligne du livre de Richard Bach *Illusions. Le messie récalcitrant* (*Illusions: The Adventures of a Reluctant Messiah*, Flammarion 1978 pour la version française). Après 150 pages dans lesquelles se mêlent aventures et réflexions philosophiques, Richard Bach conclut avec un humour qui résume très bien le paradoxe de la fiction : « Tout dans ce livre peut être faux. »

174

Bibliographie

Essais

Magny Claude-Edmonde, *Lettre sur le pouvoir d'écrire* (1943), Flammarion, 2012.

Egri Lajos, *The Art of Creative Writing*, Citadel, 2001.

Romans, nouvelles, pièces de théâtre

Allais Alphonse, *Amours d'escales*, e-book, Atramenta, 2011.

Bach Richard, *Illusions. Le messie récalcitrant* (*Illusions : The Adventures of a Reluctant Messiah*), Flammarion, 1978.

Balzac Honoré de, *Les Chouans* (1829), Livre de Poche, 1971.

Coben Harlan, *Remède mortel* (*Miracle Cure*), Belfond, 2011.

Coben Harlan, *Sans un mot* (*Hold Tight*), Belfond, 2009.

Constant Paul, *Confidence pour confidence*, Gallimard, 1998.

Crichton Michael, *Prisonnier du temps* (*Timeline*), Robert Laffont, 2000.

Duras Marguerite, *L'Amant de la Chine du Nord*, Gallimard, 1991.

Duras Marguerite, *Le Ravissement de Lol V. Stein*, Gallimard, 1964.

Grisham John, *Pas de Noël cette année* (*Skipping Christmas*), Robert Laffont, 2002.

Kennedy Douglas, *Les Charmes discrets de la vie conjugale* (*State of the Union*), Belfond, 2005.

Kennedy Douglas, *La Poursuite du bonheur* (*The Pursuit of Happiness*), Belfond, 2001.

Kennedy Douglas, *Quitter le monde* (*Leaving the World*), Belfond, 2009.

KENNEDY Douglas, *Une relation dangereuse (A Special Relationship)*, Belfond, 2003.

LIEBERMAN Herbert, *La Huitième Case (The Eighth Square)*, Denoël, 1975.

MOLIÈRE, *L'Avare* (1668), Classique Garnier, 2009.

NOTHOMB Amélie, *Métaphysique des tubes*, Albin Michel, 2000.

RAVALEC Vincent, *Cantique de la racaille*, Flammarion, 1994.

RENDELL Ruth, *L'Enveloppe mauve (The Fallen Curtain)*, Éditions du Masque, 1997.

SAFIER David, *Maudit Karma (Mieses Karma)*, Presses de la Cité, 2008.

SHAKESPEARE William, *Roméo et Juliette* (1597), Pocket, coll. « Classique Pocket », 2005.

WOLFE Tom, *Le Bûcher des vanités (The Bonfire of the Vanities)*, Robert Laffont, 1999.

WOLFF Isabel, *Les Mésaventures de Minty Malone (The Making of Minty Malone)*, Jean-Claude Lattès, 2000.

Films

BASS Saul, *Phase IV*, 1974.

CLOUZOT Henri-Georges, *Le Corbeau*, 1943.

DAYTON Jonathan et FARIS Valerie, *Elle s'appelle Ruby (Ruby Sparks)*, 2012.

DE PALMA Brian, *Furie (The Fury)*, 1978.

DEMY Jacques, *Une chambre en ville*, 1982.

HITCHCOCK Alfred, *La Mort aux trousses (North by Northwest)*, 1959.

HOOPER Tom, *Le Discours d'un roi (The King's Speech)*, 2010.

KIAROSTAMI Abbas, *Le Goût de la cerise*, 1997.

MORIN Robert, *Le Neg'*, 2002.

NICOLS Mike, *Le Lauréat (The Graduate)*, 1967.

POLANSKI Roman, *Carnage*, 2011.

RICHET Jean-François, *Ma 6-T va craquer*, 1996.

TARANTINO Quentin, *Pulp Fiction*, 1994.

Index

Table des matières